ELIOTT LERNER

MANGA ZEICHNEN!

MIT ILLUSTRIERTER LERNGESCHICHTE

HEEL MANGA

DANKSAGUNGEN

Mein besonderer Dank gilt Helène Raviart und Barbara Janssens, die mich während des gesamten Projektes begleitet haben.

Darüber hinaus danke ich Chloé Eve und Clarisse Delande für die Gestaltung des Buchcovers, Loic Audrain für das Seitenlayout sowie Alexiane Bargiel für das Lektorat.

INHALT

VORWORT

Manga sind für viele der Einstieg in die Welt des Zeichnens.

Hinter dem einfachen Erscheinungsbild verbergen sich jedoch spezifische Kenntnisse und eine akribische Arbeitsweise, weshalb sich das Zeichnen von Manga häufig als knifflig erweist.

Dieses Buch stellt eine erste Annäherung an das Zeichnen von Manga dar und informiert über die Grundtechniken und notwendigen Kenntnisse. Dabei erhebt es keinen Anspruch auf Vollständigkeit, sondern verfolgt das Ziel, ein wenig Licht ins Dunkel zu bringen und verständliche Lernhilfen zu geben.

Denn das Zeichnen ist ein Prozess, der von Erfolgen, Misserfolgen und Selbstzweifeln geprägt ist. Die hier erzählte Geschichte könnte die Geschichte eines jeden Mangaka-Anfängers sein.

Am Ende des Buches sind möglicherweise noch nicht alle Fragen beantwortet.

Aber ich hoffe, dass vieles klarer geworden ist und du bereits in der Welt des Zeichnens angekommen bist!

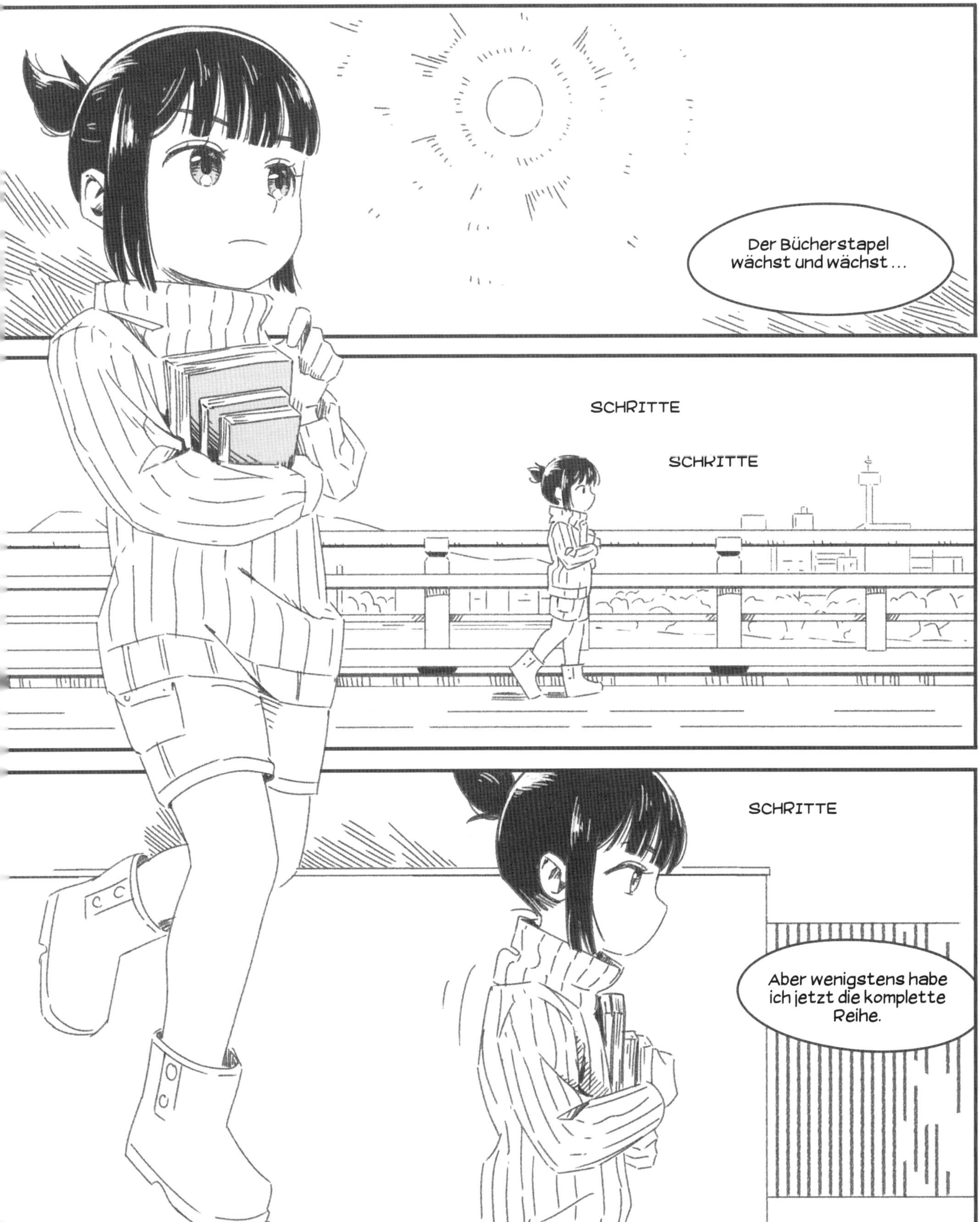
Der Bücherstapel wächst und wächst …
SCHRITTE
SCHRITTE
SCHRITTE
Aber wenigstens habe ich jetzt die komplette Reihe.

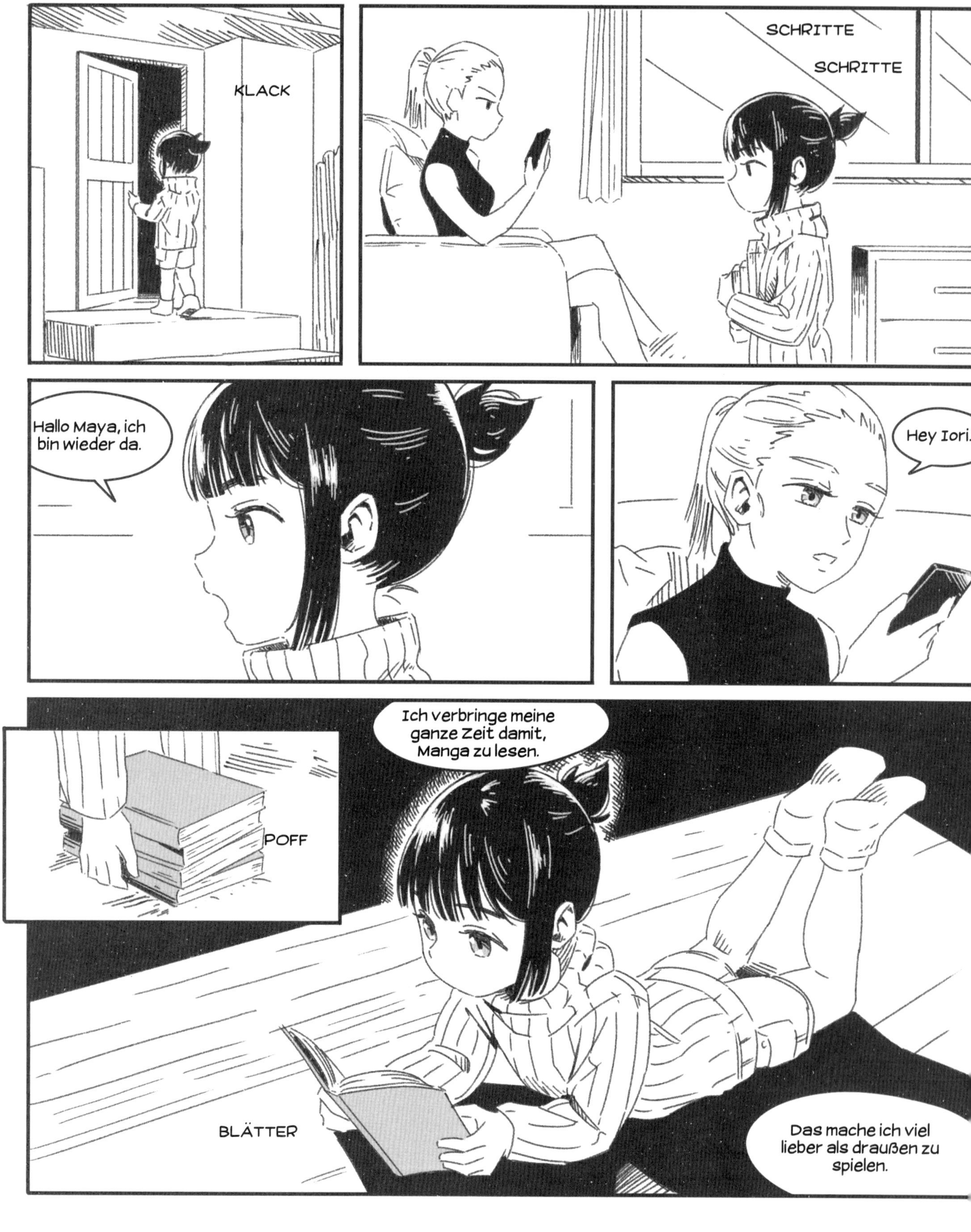
KLACK
SCHRITTE
SCHRITTE
Hallo Maya, ich bin wieder da.
Hey Iori.
Ich verbringe meine ganze Zeit damit, Manga zu lesen.
POFF
BLÄTTER
Das mache ich viel lieber als draußen zu spielen.

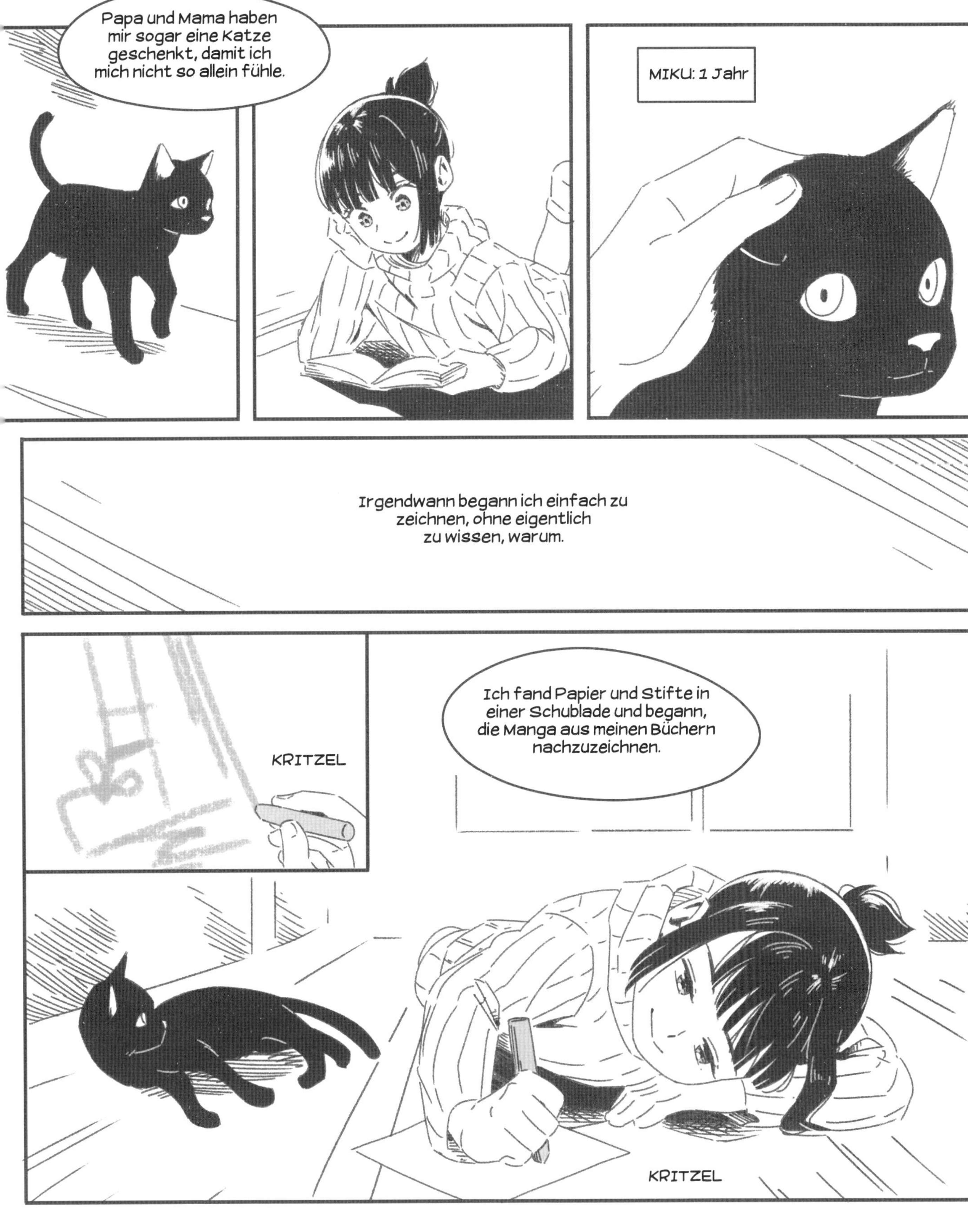
Papa und Mama haben mir sogar eine Katze geschenkt, damit ich mich nicht so allein fühle.
MIKU: 1 Jahr
Irgendwann begann ich einfach zu zeichnen, ohne eigentlich zu wissen, warum.
KRITZEL
Ich fand Papier und Stifte in einer Schublade und begann, die Manga aus meinen Büchern nachzuzeichnen.
KRITZEL

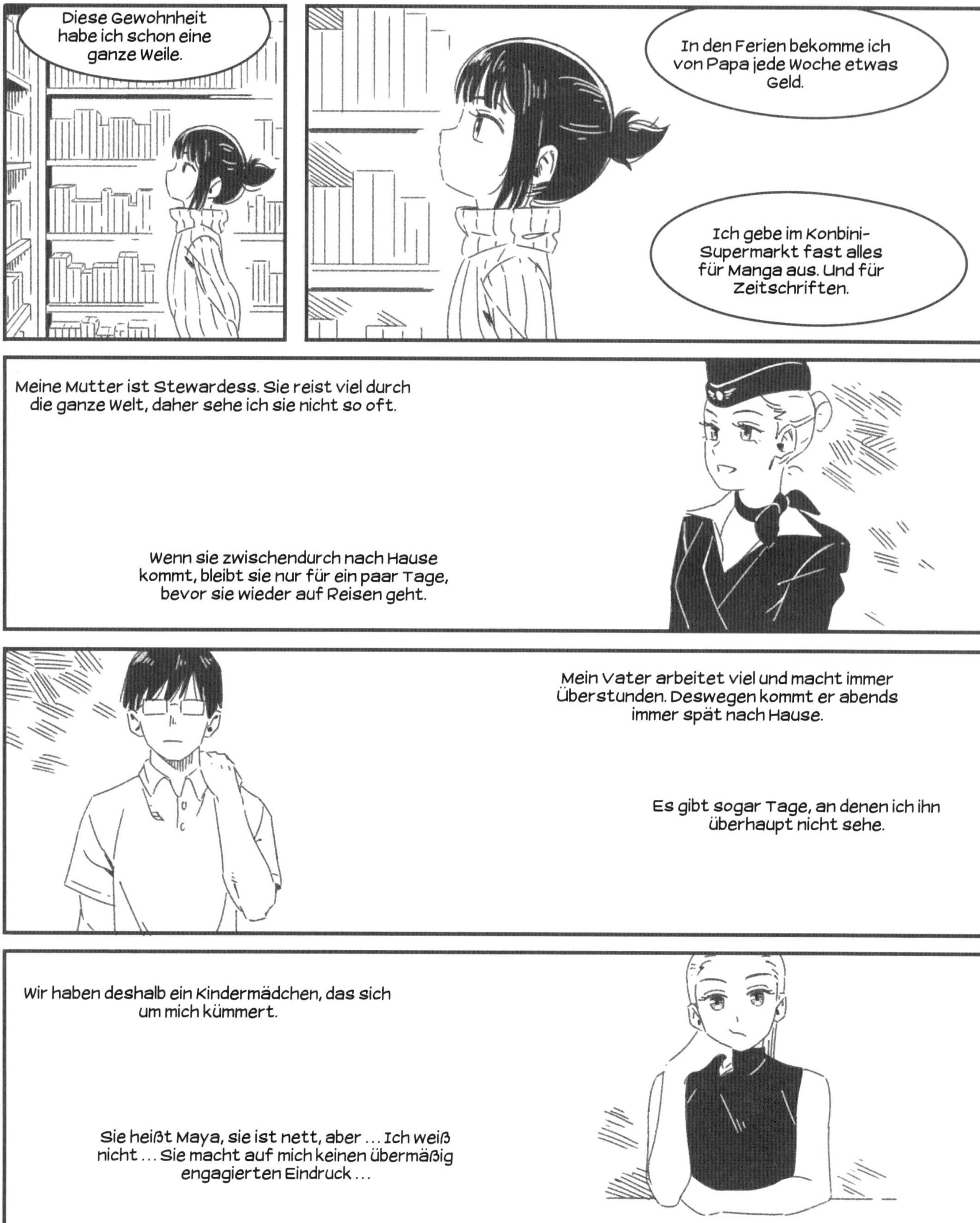
Diese Gewohnheit habe ich schon eine ganze Weile.
In den Ferien bekomme ich von Papa jede Woche etwas Geld.
Ich gebe im Konbini-Supermarkt fast alles für Manga aus. Und für Zeitschriften.
Meine Mutter ist Stewardess. Sie reist viel durch die ganze Welt, daher sehe ich sie nicht so oft.
Wenn sie zwischendurch nach Hause kommt, bleibt sie nur für ein paar Tage, bevor sie wieder auf Reisen geht.
Mein Vater arbeitet viel und macht immer Überstunden. Deswegen kommt er abends immer spät nach Hause.
Es gibt sogar Tage, an denen ich ihn überhaupt nicht sehe.
Wir haben deshalb ein Kindermädchen, das sich um mich kümmert.
Sie heißt Maya, sie ist nett, aber … Ich weiß nicht … Sie macht auf mich keinen übermäßig engagierten Eindruck …

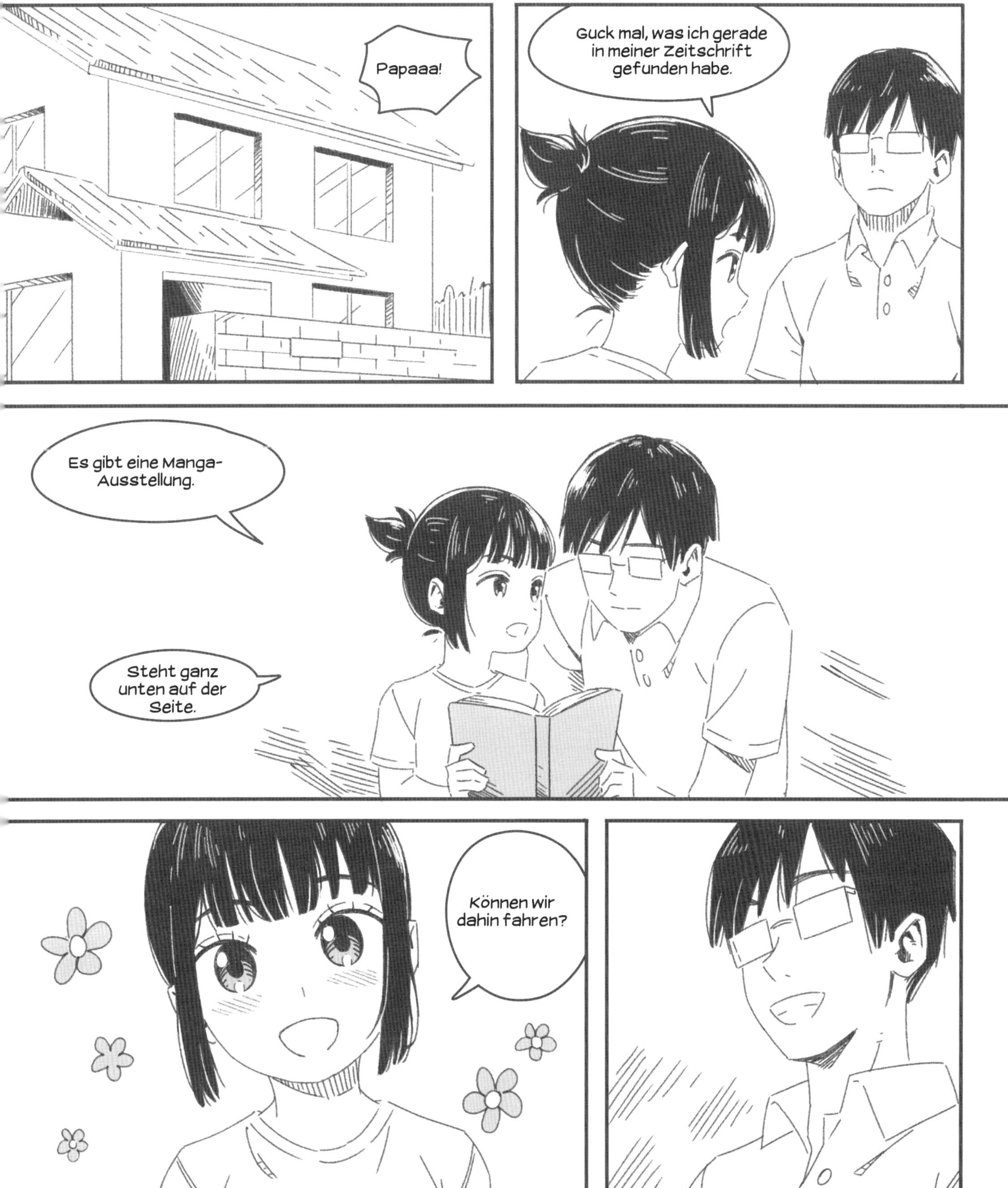
Papaaa!
Guck mal, was ich gerade in meiner Zeitschrift gefunden habe.
Es gibt eine Manga-Ausstellung.
Steht ganz unten auf der Seite.
Können wir dahin fahren?

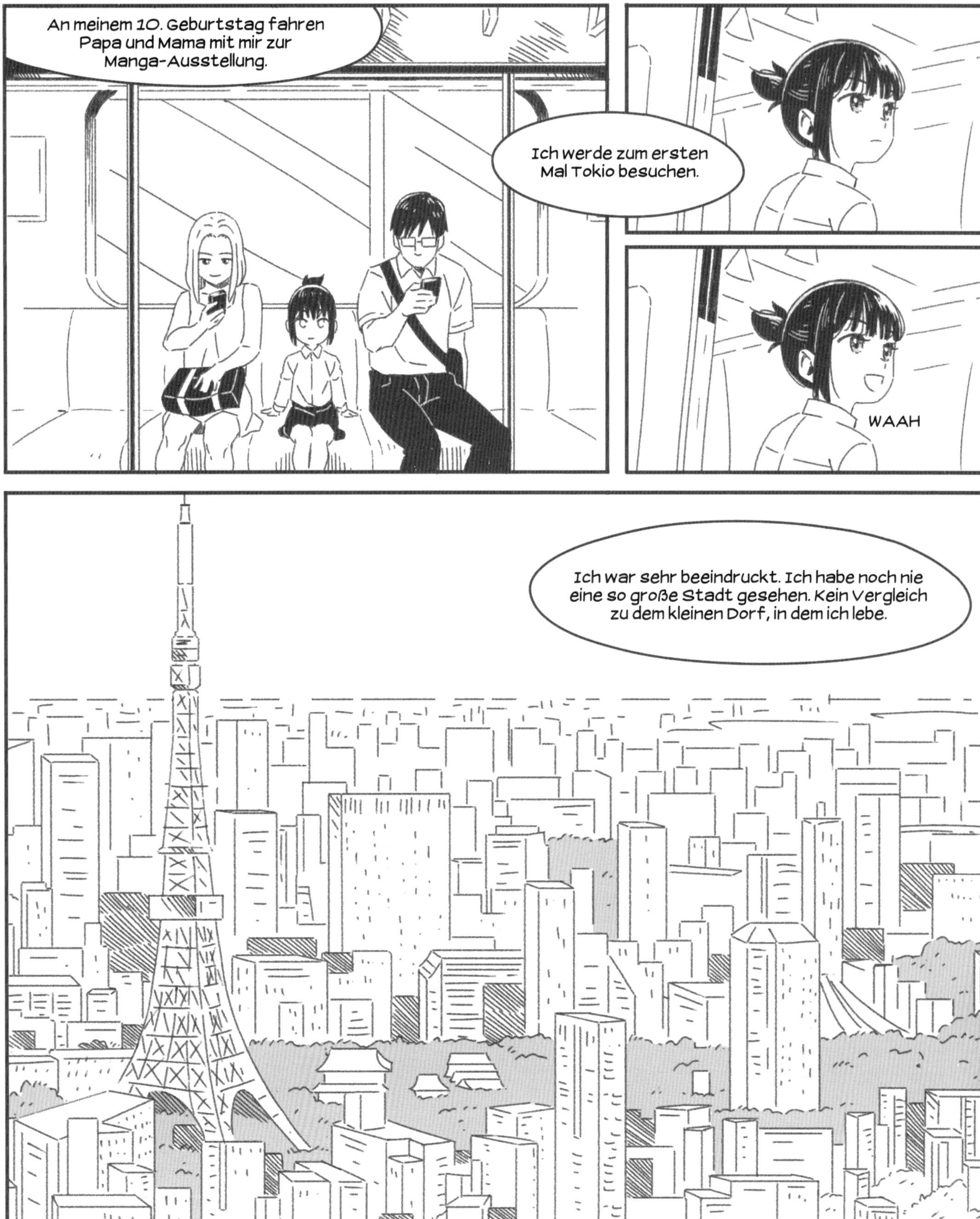
An meinem 10. Geburtstag fahren Papa und Mama mit mir zur Manga-Ausstellung.
Ich werde zum ersten Mal Tokio besuchen.
WAAH
Ich war sehr beeindruckt. Ich habe noch nie eine so große Stadt gesehen. Kein Vergleich zu dem kleinen Dorf, in dem ich lebe.

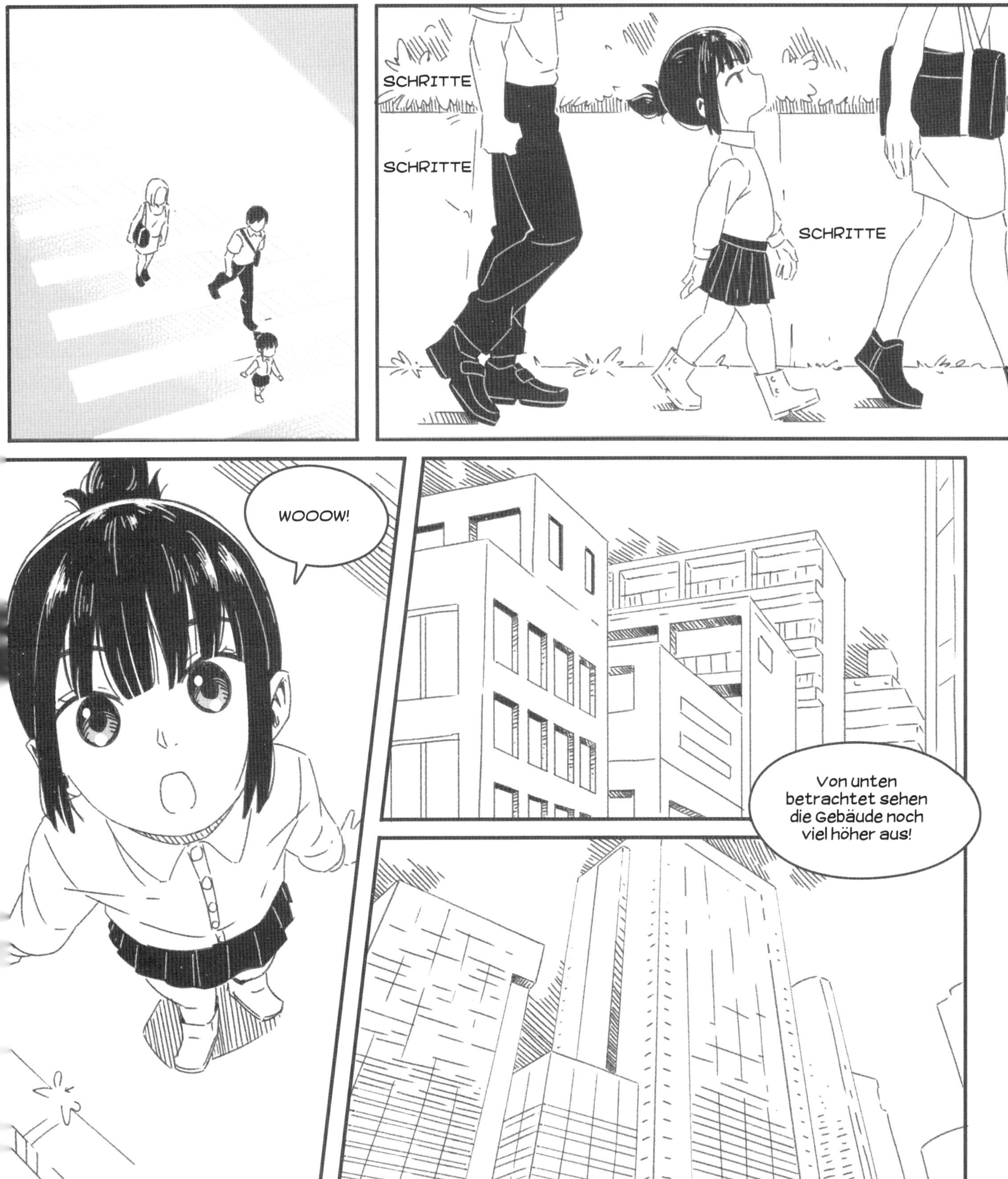

SCHRITTE
SCHRITTE
SCHRITTE
WOOOW!
Von unten betrachtet sehen die Gebäude noch viel höher aus!

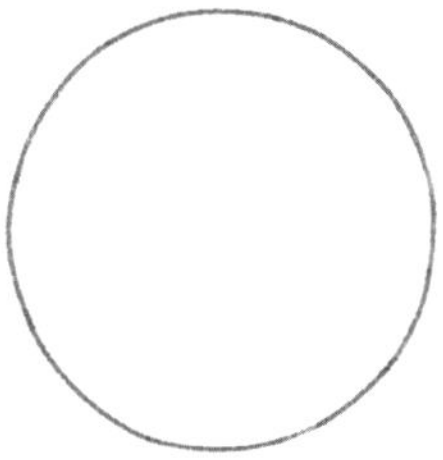
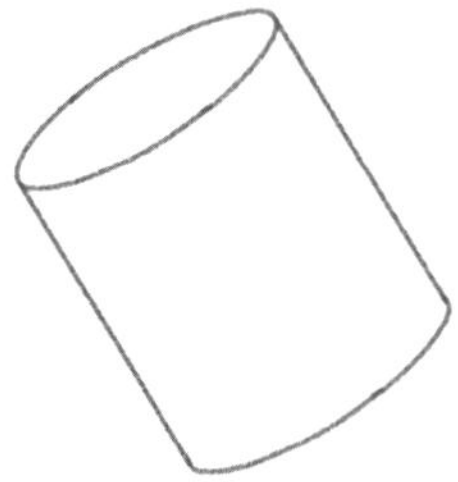
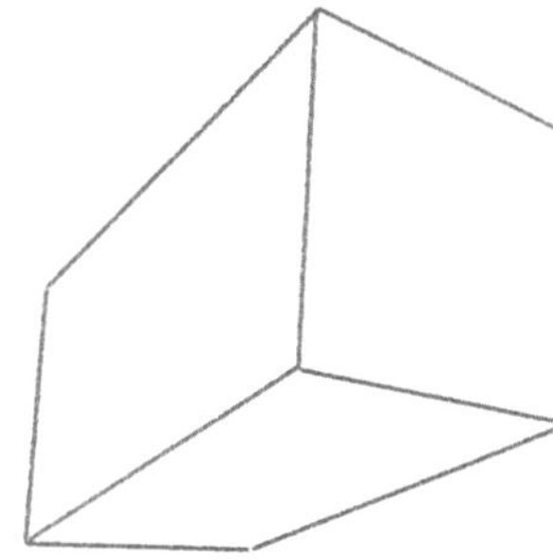

Die Perspektive ist entscheidend für das Ergebnis deiner Zeichnungen.

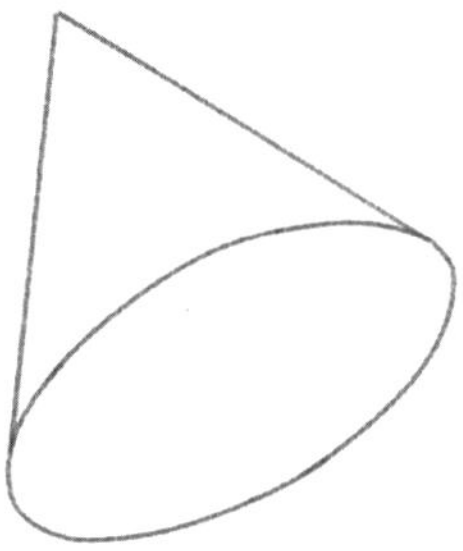
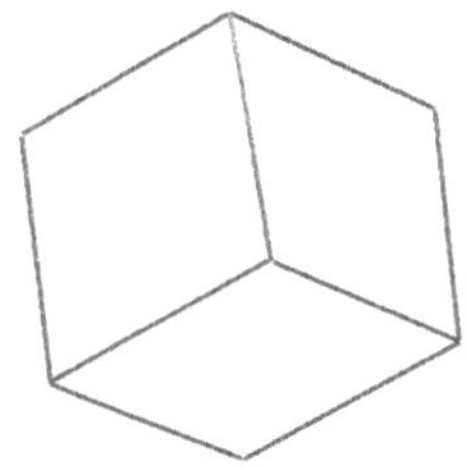
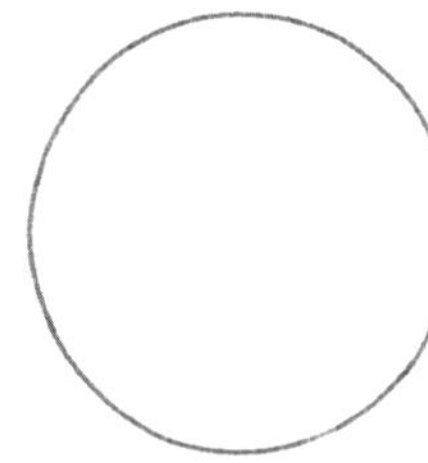
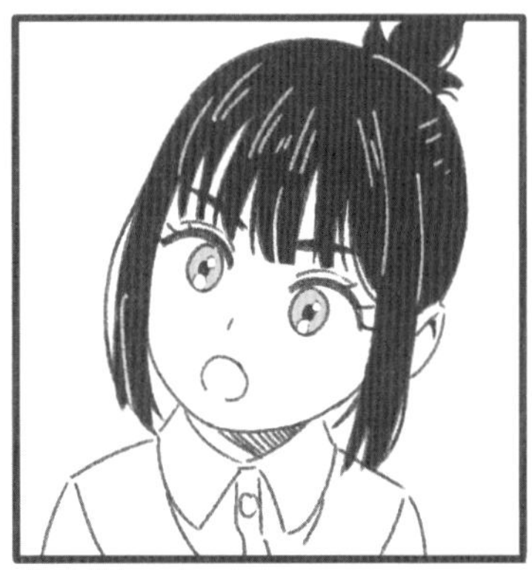

Perspektivisch zu zeichnen bedeutet, ein Objekt auf einer ebenen Fläche so darzustellen, dass eine dreidimensionale Wirkung entsteht.

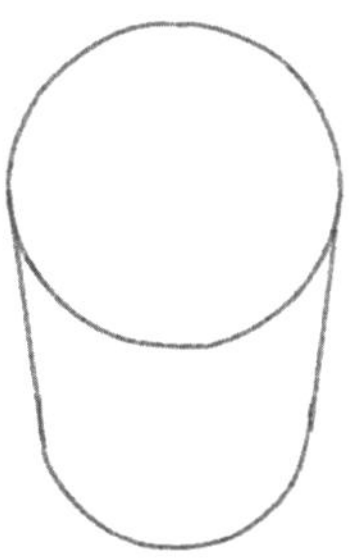
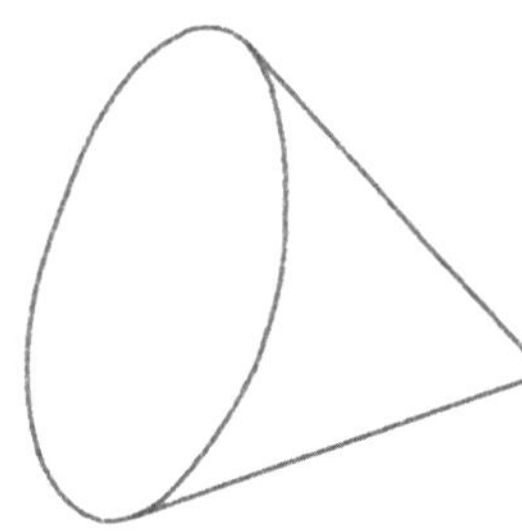
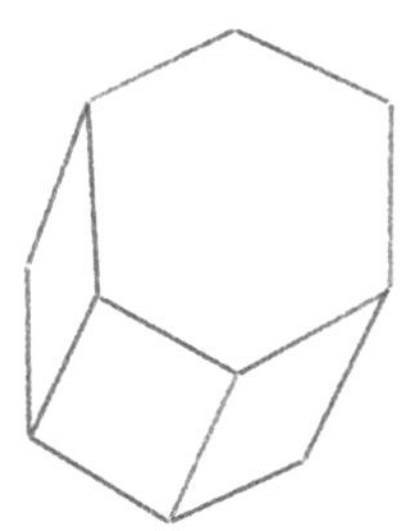
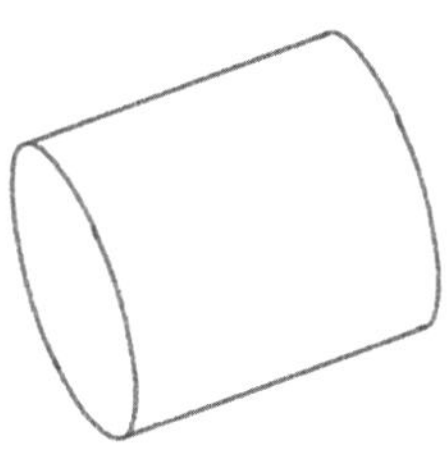
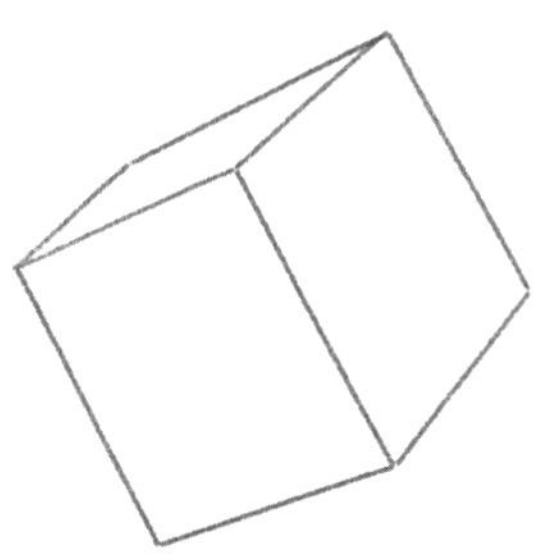
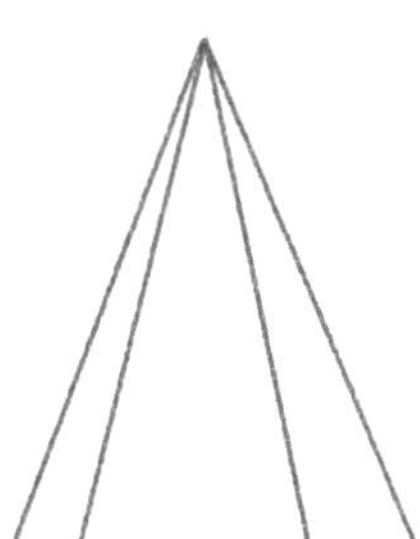
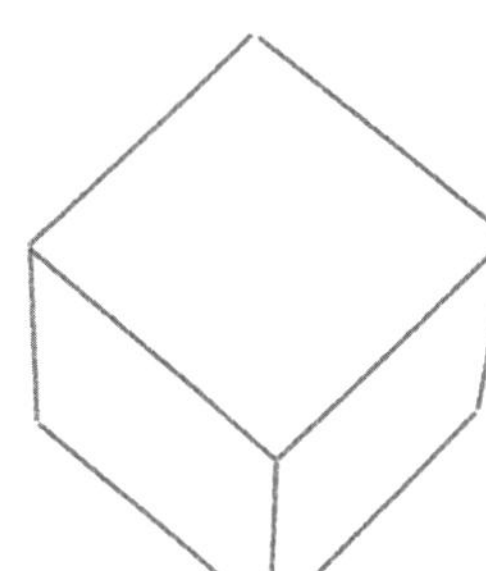

Die Perspektive verleiht einer Zeichnung Volumen und Tiefe. Wer diese Technik einmal beherrscht, wird in der Lage sein, absolut alles zu zeichnen (Körper, Objekte, Landschaften …)

Die Horizontlinie befindet sich immer auf Augenhöhe des Betrachters.

Betrachter können aber unterschiedlich groß sein, wodurch sich auch die Höhe der Horizontlinie verschiebt.

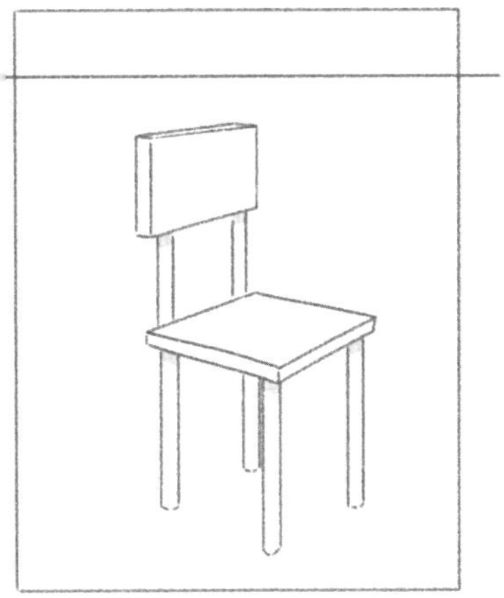

Augenhöhe einer erwachsenen Person: Der Stuhl befindet sich unter der Horizontlinie, man kann die Sitzfläche des Stuhls daher sehen.

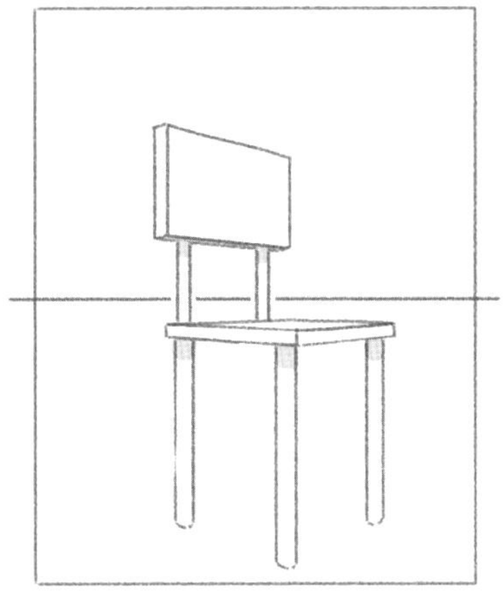

Augenhöhe eines Kindes. Die Horizontlinie liegt tiefer, die Sitzfläche des Stuhls ist dadurch nicht mehr zu sehen.

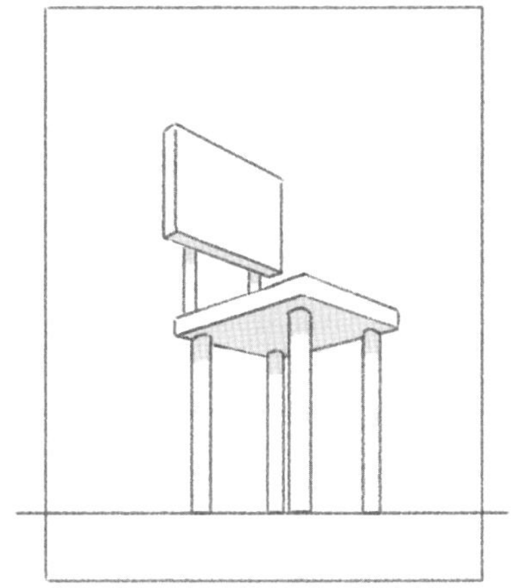

Augenhöhe eines Insekts: Die Horizontlinie befindet sich in Bodenhöhe, man kann den Stuhl deshalb nur noch von unten sehen.

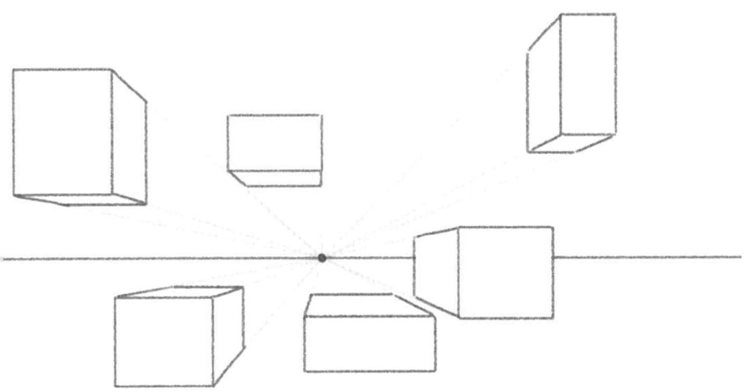

Die Ein-Punkt-Perspektive wird verwendet, um Objekte darzustellen, die dem Betrachter frontal zugewandt sind.

Dabei verlaufen alle vertikalen und horizontalen Linien parallel zueinander, während die Fluchtlinien auf einen zentralen Fluchtpunkt führen, der auf der Horizontlinie liegt.

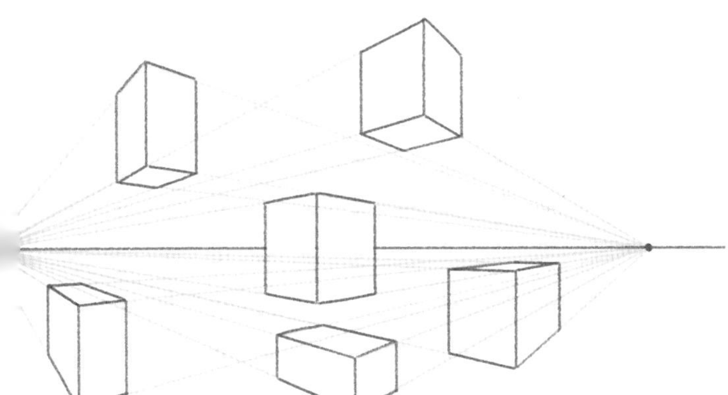

Die Zwei-Punkt-Perspektive, auch Eck-Perspektive genannt, wird verwendet, um Objekte darzustellen, die schräg zum Betrachter positioniert sind.

Die Linien auf beiden Seiten der Ecke streben zu ihrem eigenen Fluchtpunkt.

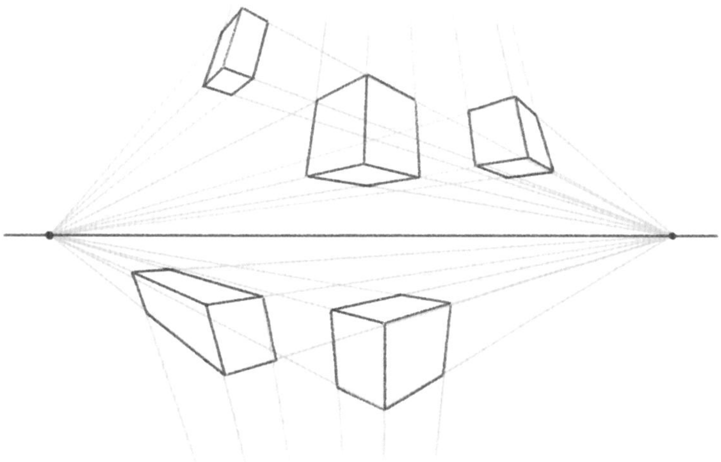

Die Drei-Punkt-Perspektive wird verwendet, um ein Objekt aus der Vogelperspektive oder der Froschperspektive zu zeigen.

Die vertikalen Linien führen zu einem Fluchtpunkt, der entweder über der Horizontlinie (Augenhöhe eines Insekts) oder unter der Horizontlinie (Augenhöhe eines Vogels) liegt.

Je näher der dritte Fluchtpunkt an der Horizontlinie liegt, desto mehr entsteht der Eindruck von Tiefe.

3. Fluchtpunkt

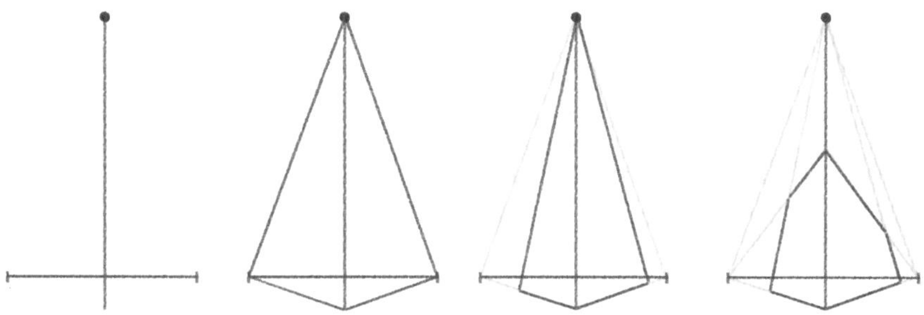

Die vertikalen Linien führen zum 3. Fluchtpunkt.

Zeichne die Seiten des Objekts.

Zeichne die Umrisse des Objekts.

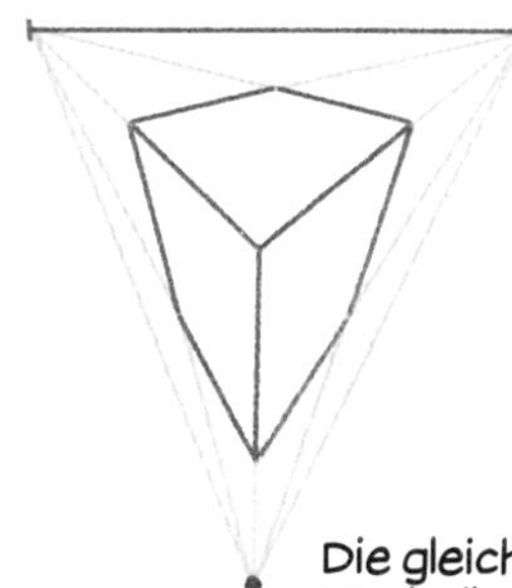

Die gleiche Technik gilt für die Darstellung des Objekts aus der Froschperspektive.

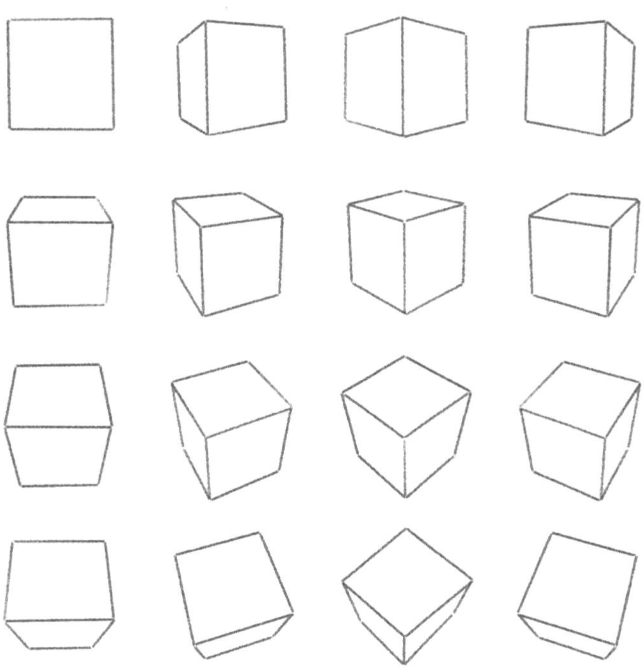

Eine gute Übung für perspektivisches Zeichnen ist das Darstellen von Würfeln aus den unterschiedlichsten Blickwinkeln.

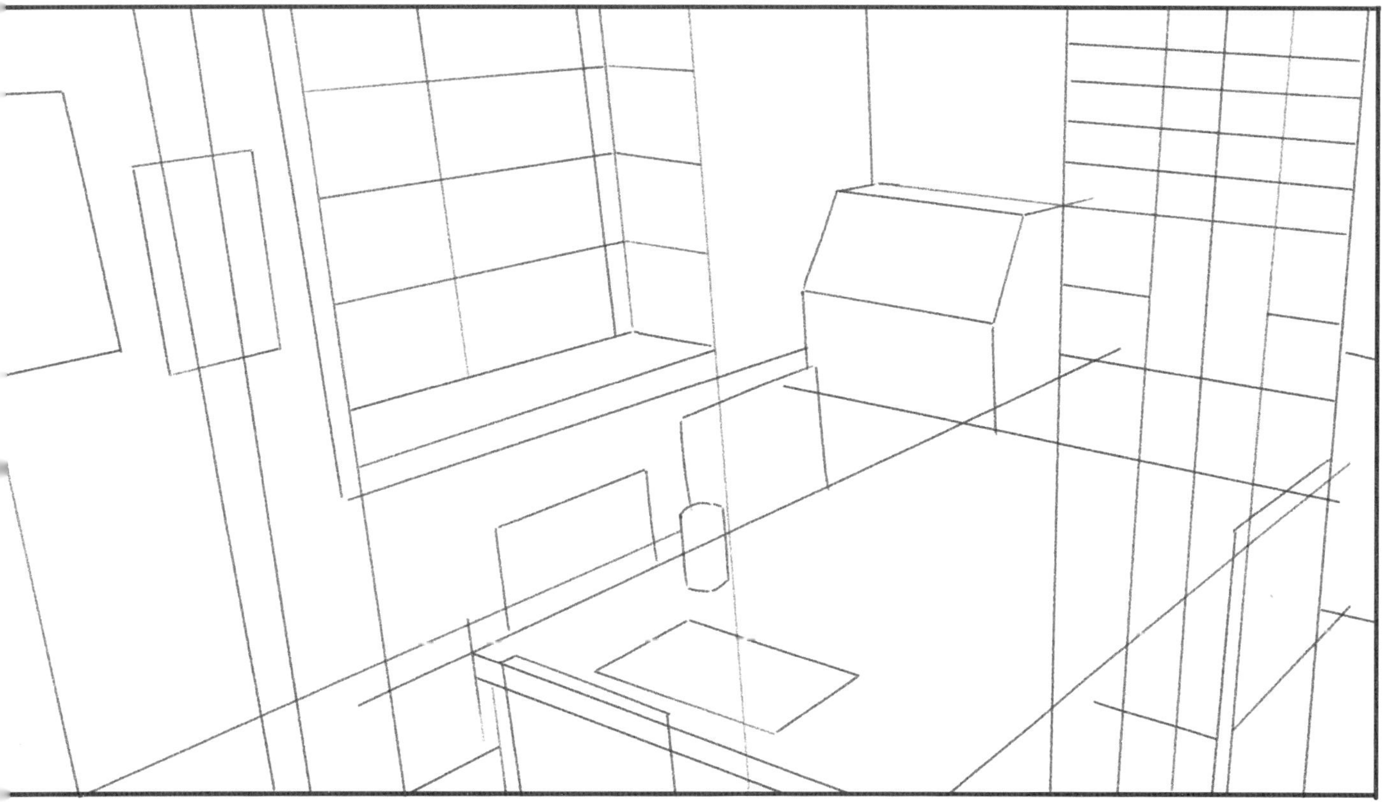

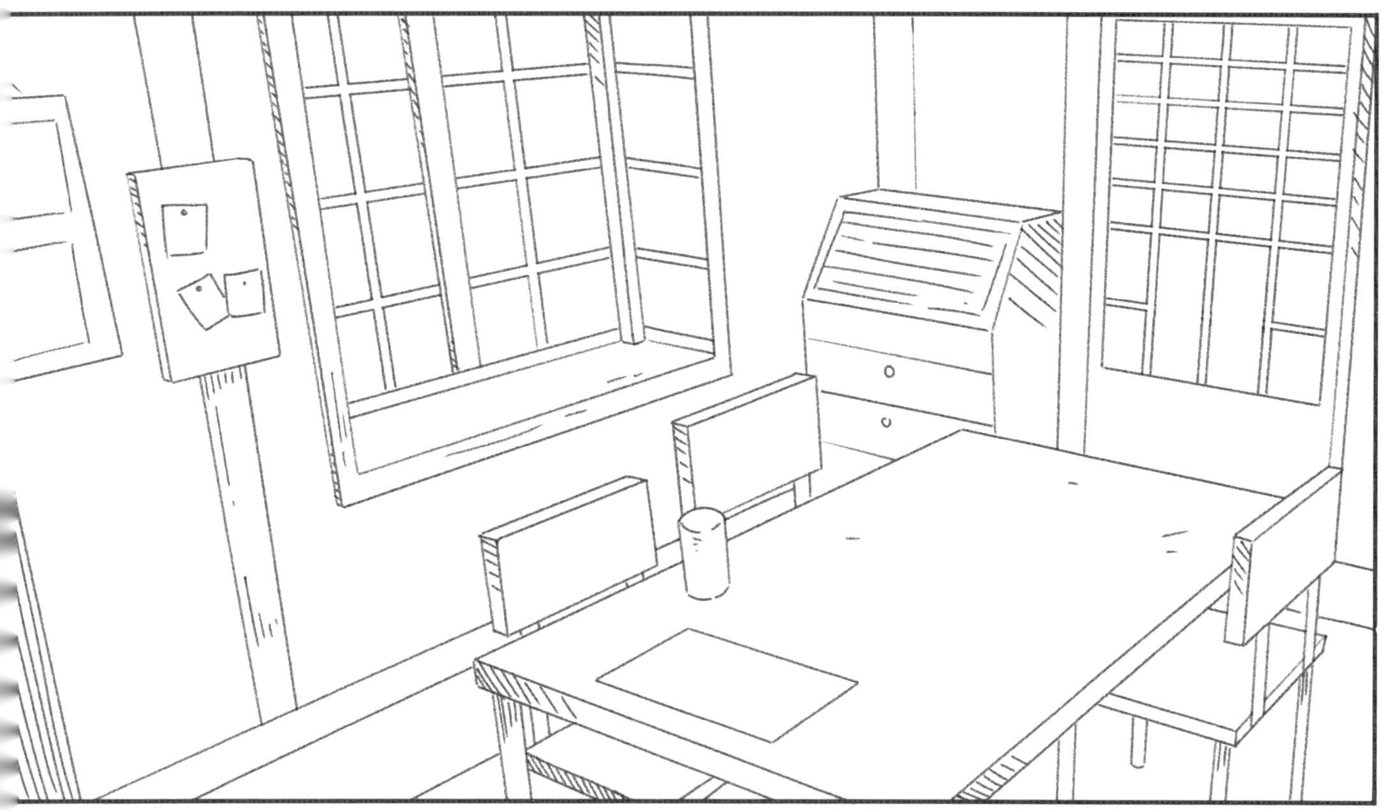

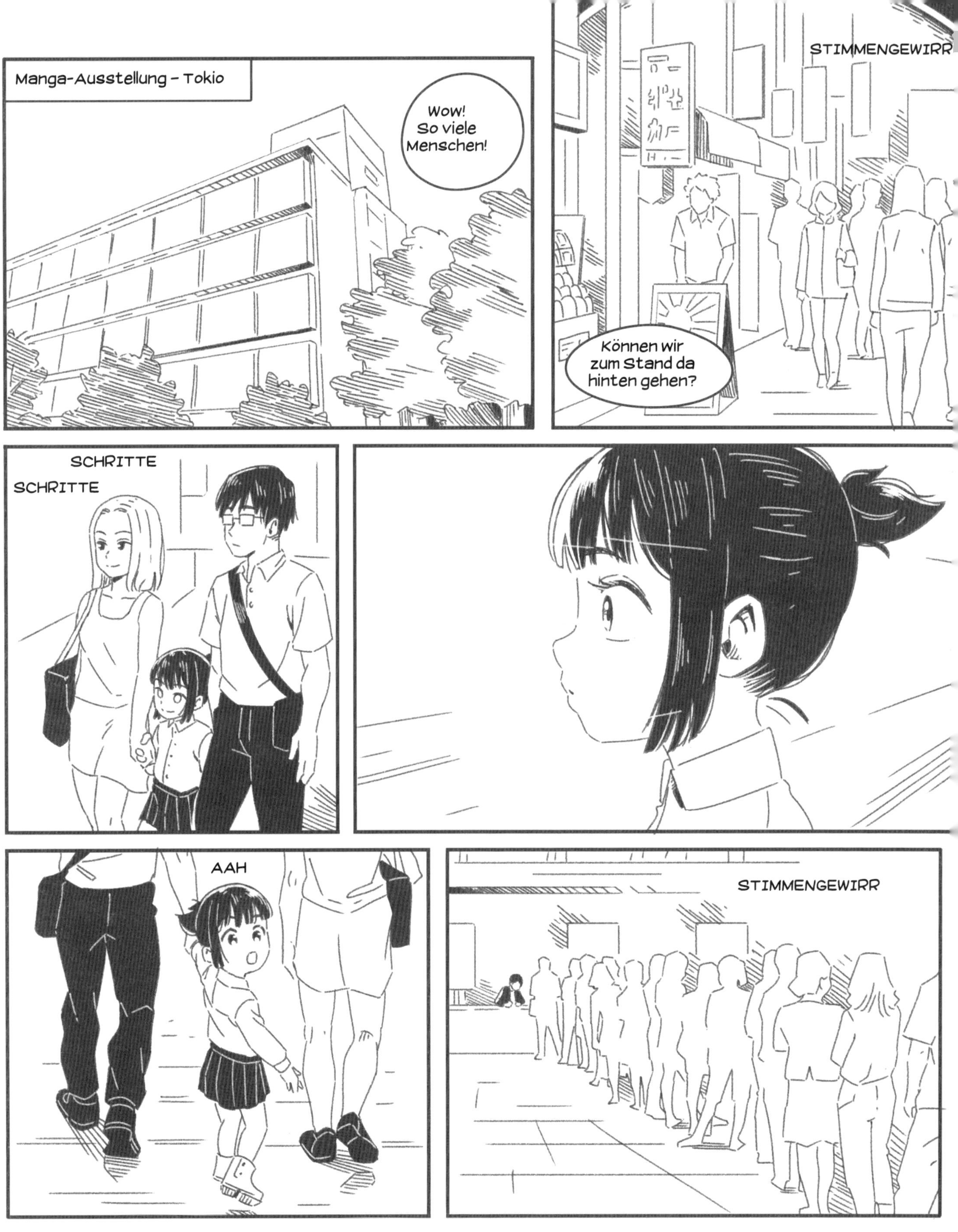
Manga-Ausstellung – Tokio
Wow! So viele Menschen!
STIMMENGEWIRR
Können wir zum Stand da hinten gehen?
SCHRITTE
SCHRITTE
AAH
STIMMENGEWIRR

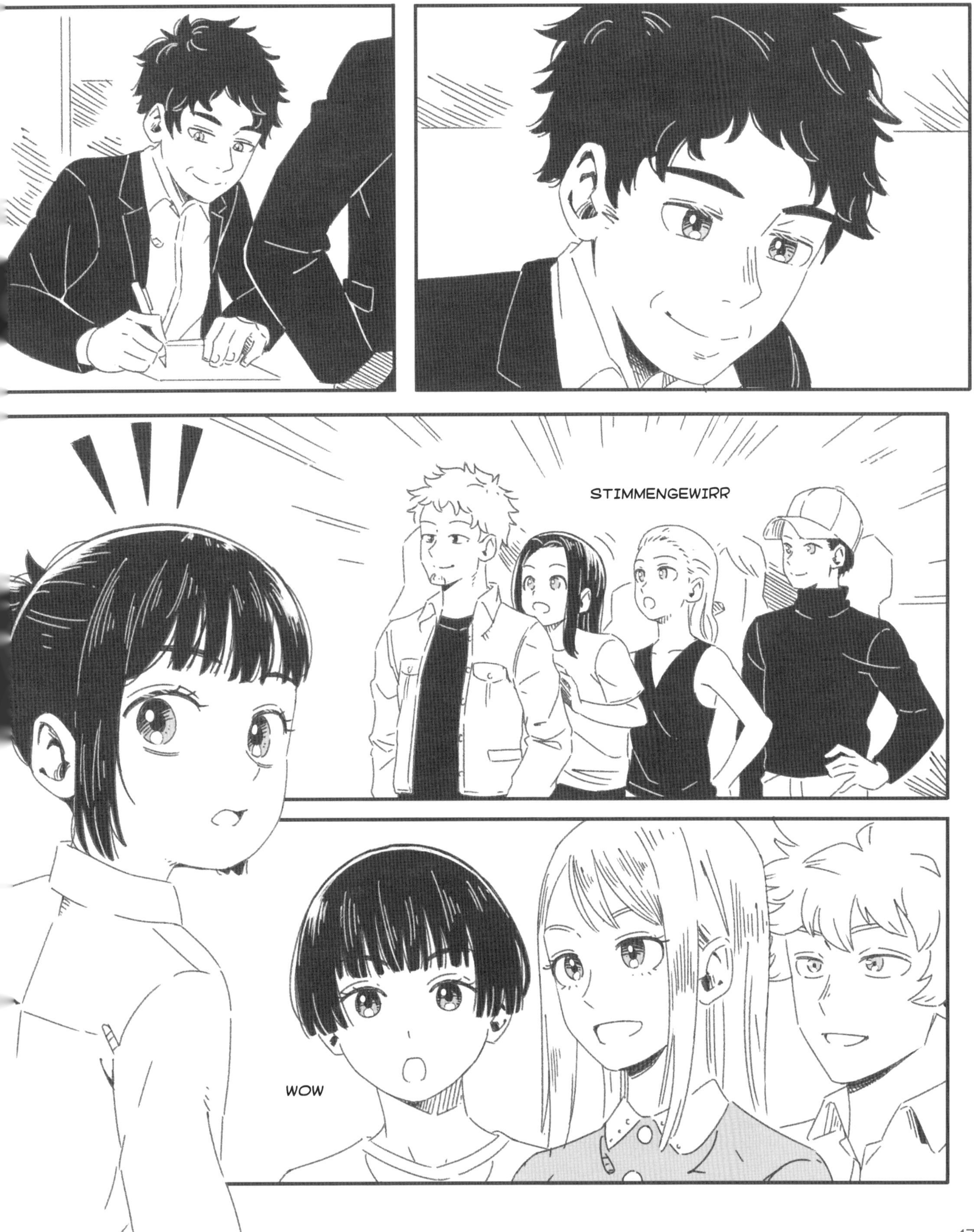
STIMMENGEWIRR
WOW

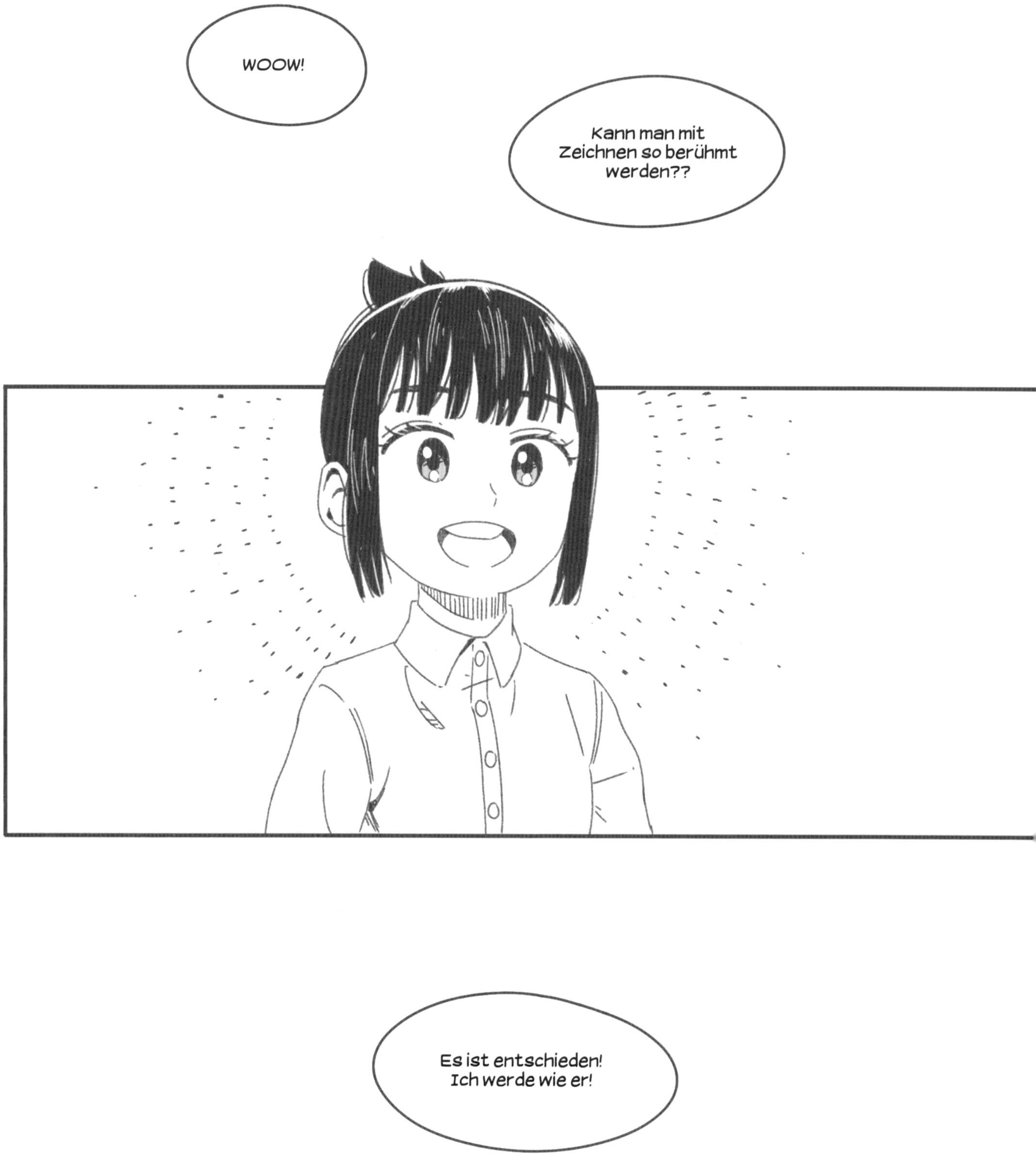
WOOW!
Kann man mit Zeichnen so berühmt werden??
Es ist entschieden! Ich werde wie er!

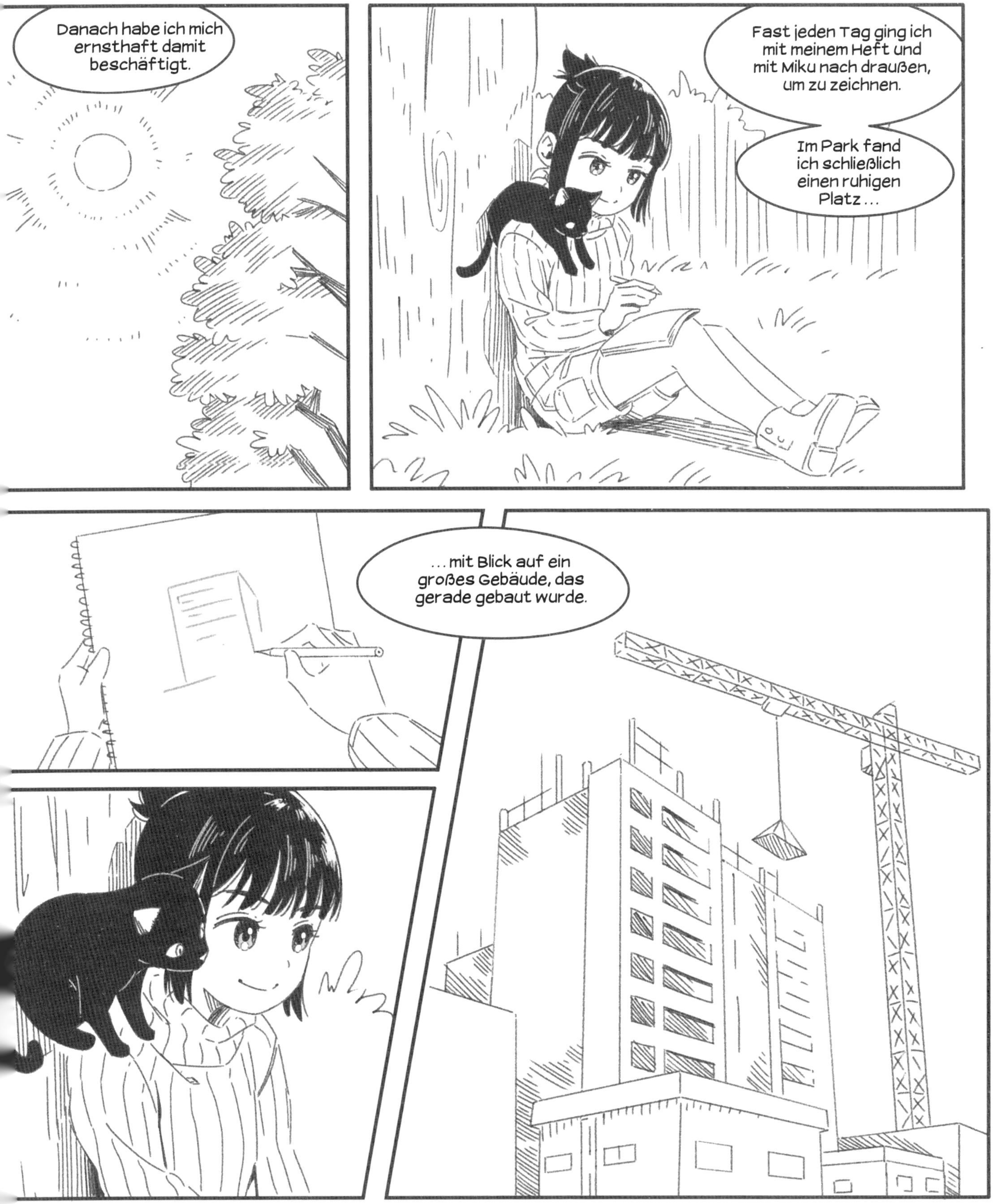
Danach habe ich mich ernsthaft damit beschäftigt.
Fast jeden Tag ging ich mit meinem Heft und mit Miku nach draußen, um zu zeichnen.
Im Park fand ich schließlich einen ruhigen Platz …
… mit Blick auf ein großes Gebäude, das gerade gebaut wurde.

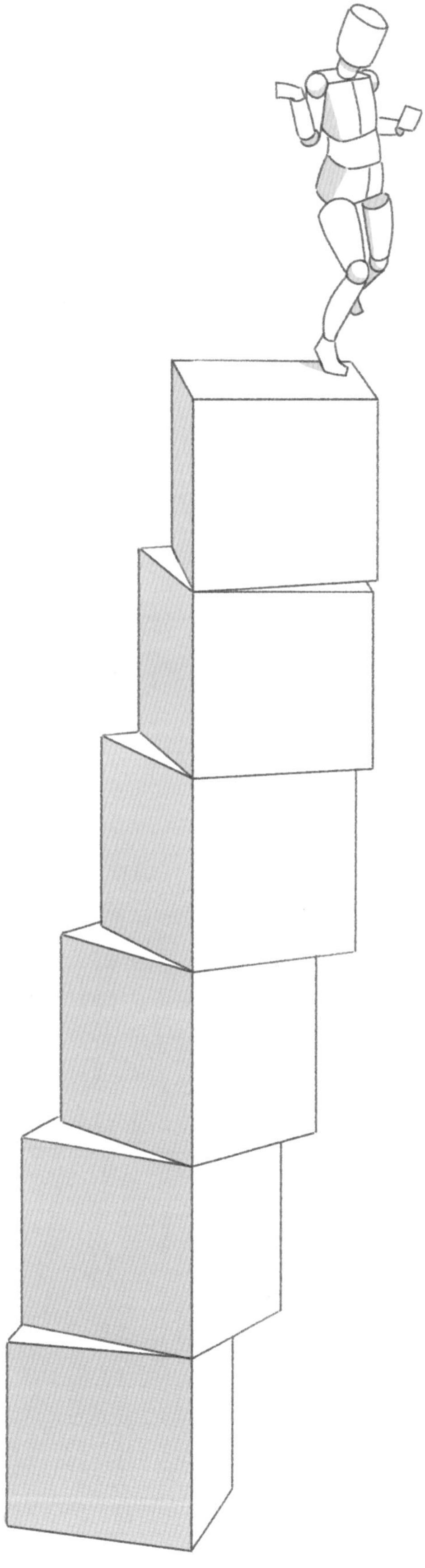

Genau wie bei einem Haus erfolgt der Aufbau einer Zeichnung von unten nach oben, von der ersten Idee bis zum letzten Schliff. Beginne mit einem soliden Fundament, bevor die Ziegel zum Einsatz kommen. Ansonsten besteht die Gefahr, dass alles einstürzt.

Einfacher gesagt geht es darum, vor der eigentlichen Zeichnung eine Skizze anzufertigen.

Eine der wichtigsten Regeln lautet: „Vom Groben ins Feine".

Wenn du diese Regel beachtest, wirst du in der Lage sein, auch komplexe Dinge zu zeichnen, zum Beispiel den menschlichen Körper.

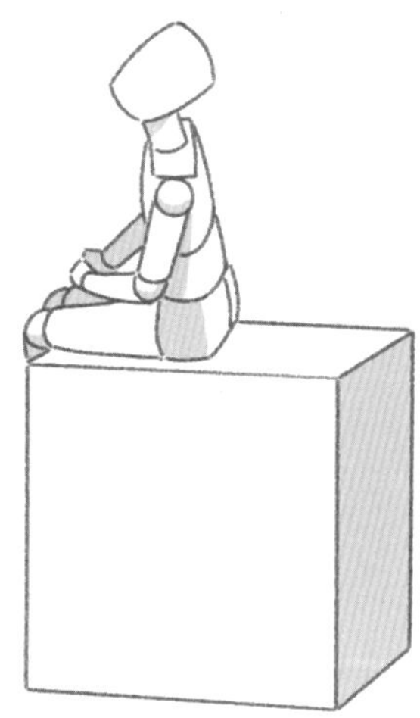

Um die Proportionen des menschlichen Körpers zu bestimmen, geht man in einer Zeichnung von einem „Idealmodell" aus. Dabei dient der Kopf als Maßeinheit, was sehr hilfreich ist, um die einzelnen Körperteile ins richtige Verhältnis zu setzen.

Die Größe des menschlichen Körpers entspricht im Durchschnitt 8 Kopfhöhen.

Auf Höhe des Schritts teilt sich der Körper in zwei gleich große Hälften.

Bei am Körper anliegenden Armen befinden sich die Handgelenke auf Höhe des Schritts.

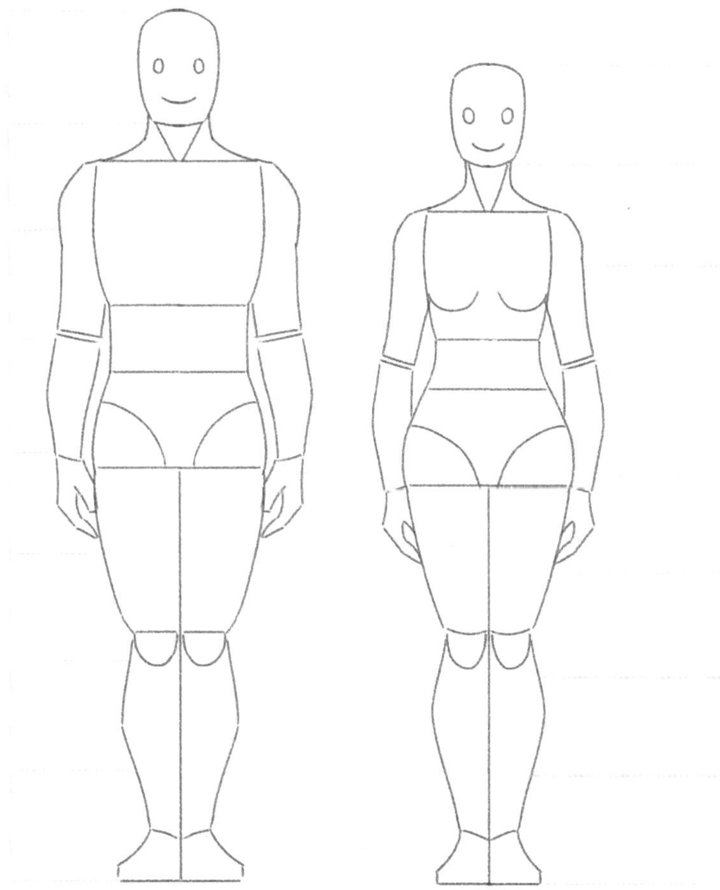

Für einen weiblichen Körper gelten die gleichen Regeln wie für einen männlichen. Die Platzierungen sind die gleichen, lediglich die Proportionen sind an manchen Stellen unterschiedlich. Das Becken beispielsweise ist breiter oder genauso breit wie die Schultern.

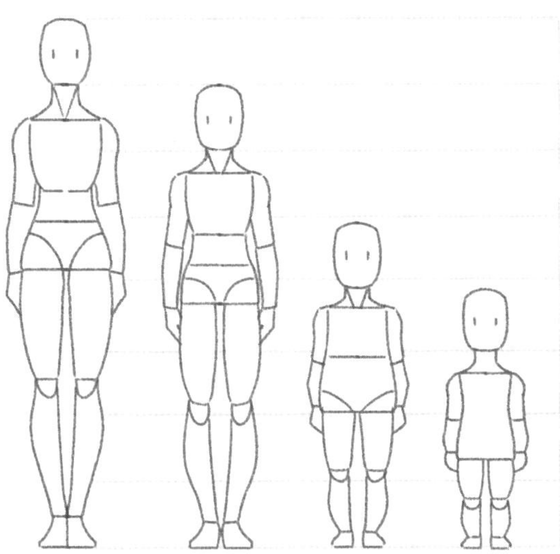

Kindliche Körperproportionen: 4 (Kleinkind) bis 7 (Jugendliche) Kopfhöhen.

Der Schlüssel liegt darin, das Reale zu vereinfachen und als Grundformen darzustellen. Der menschliche Körper ist sehr komplex, doch indem man seine Formen vereinfacht, lässt er sich leichter zeichnen.

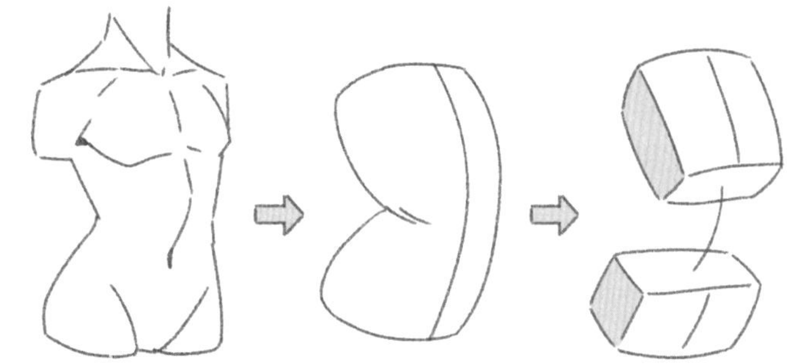

Beginne mit dem Oberkörper, der vereinfacht aus zwei Vierecken besteht. Sie stellen den Brustkorb und die Hüften dar.

Achte auf die unterschiedliche Größe der beiden Vierecke: das obere ist wesentlich höher als das untere.

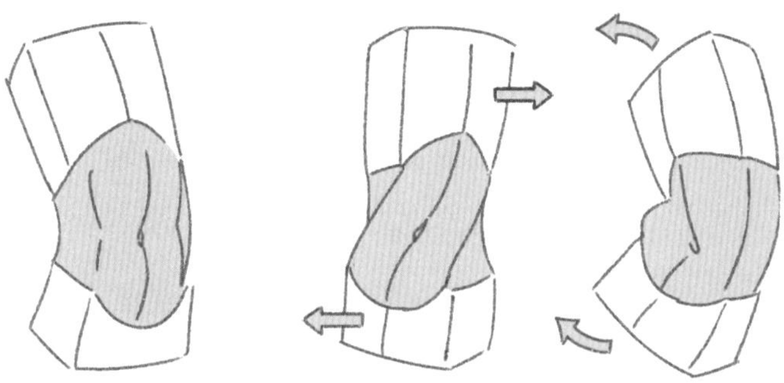

Dieser erste Schritt, richtig ausgeführt, erleichtert alle weiteren Schritte. Zeichne die Vierecke aus verschiedenen Perspektiven, so bekommst du mehr Übung.

Die beiden Vierecke erhalten nun einen Mittelteil, der sie miteinander verbindet: den Bauch. Hier kannst du mit den Formen spielen, etwa durch Drehung in verschiedene Richtungen, je nachdem, ob die Körpermitte, wie bei einem echten Körper, langgestreckt oder gekrümmt sein soll.

Übe das Zeichnen eines vereinfachten Oberkörpers in unterschiedlichen Positionen und Perspektiven. Mit zunehmender Sicherheit kannst du die nächsten Schritte leichter umsetzen.

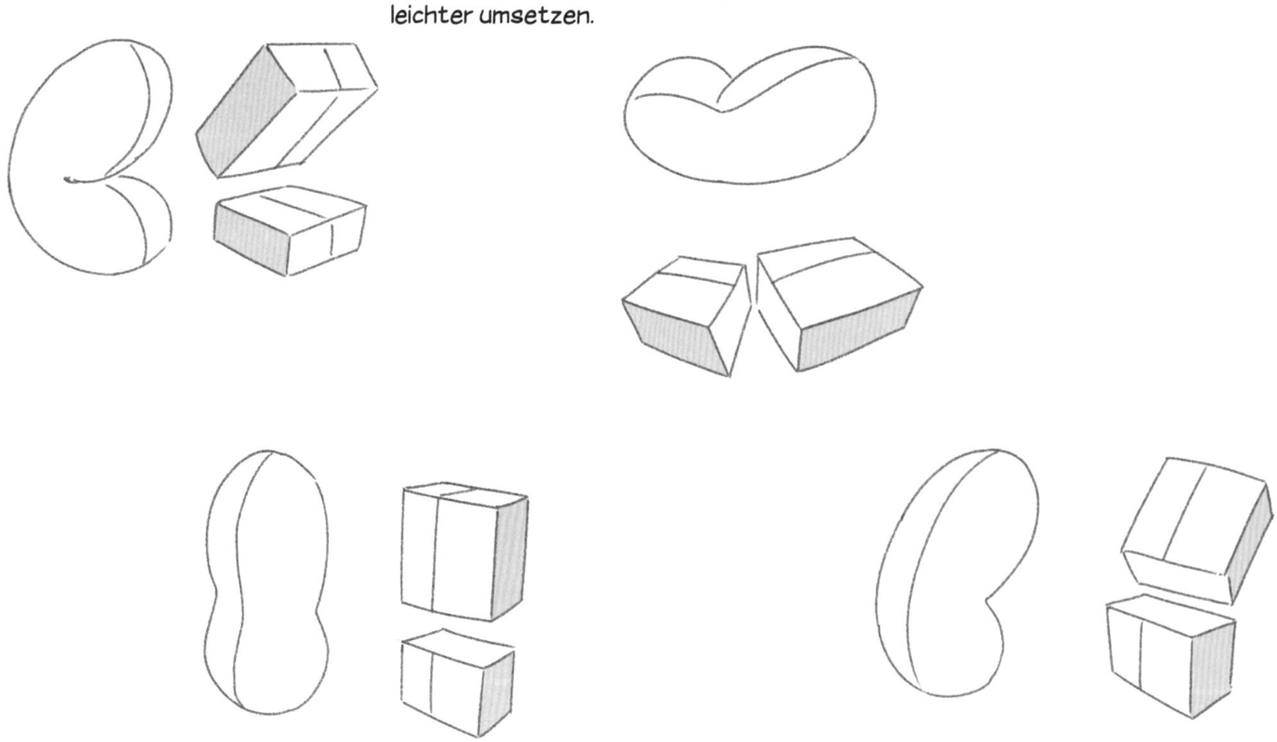

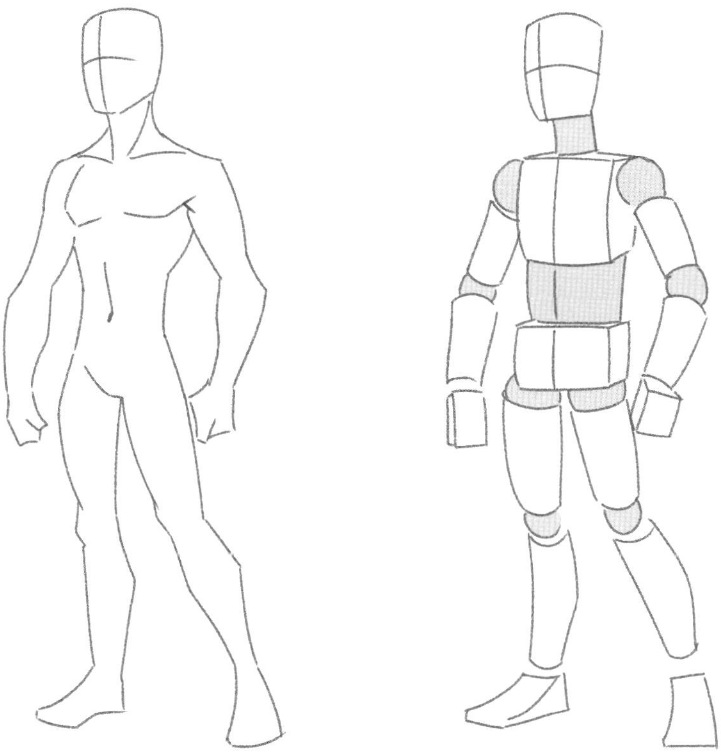

In der vereinfachten Darstellung werden die Arme und Beine zu je zwei zylindrischen Formen, die Gelenke (Ellenbogen und Knie) zu Kugeln.

Für die Hände, die Füße und den Kopf zeichnest du ein einfaches Viereck. Zu diesen Themen findest du im Buch eigene Seiten (siehe ab S. 26 bzw. ab S. 57).

Indem du die Proportionen der Formen variierst, steht dir eine breite Palette an Gestaltungsmöglichkeiten für deine Figuren zur Verfügung.

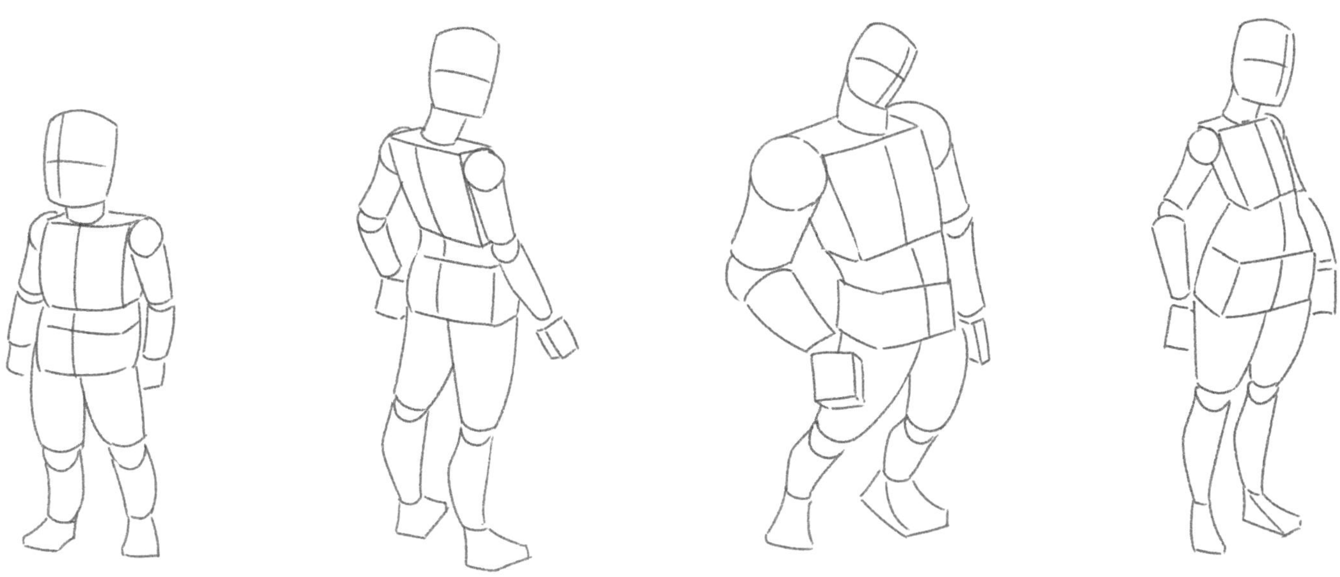

Bevor es mit den nächsten Schritten weitergeht, solltest du möglichst viele verschiedene Posen mit dieser neuen Methode zeichnen. Ziel ist, sie immer sicherer anwenden zu können.

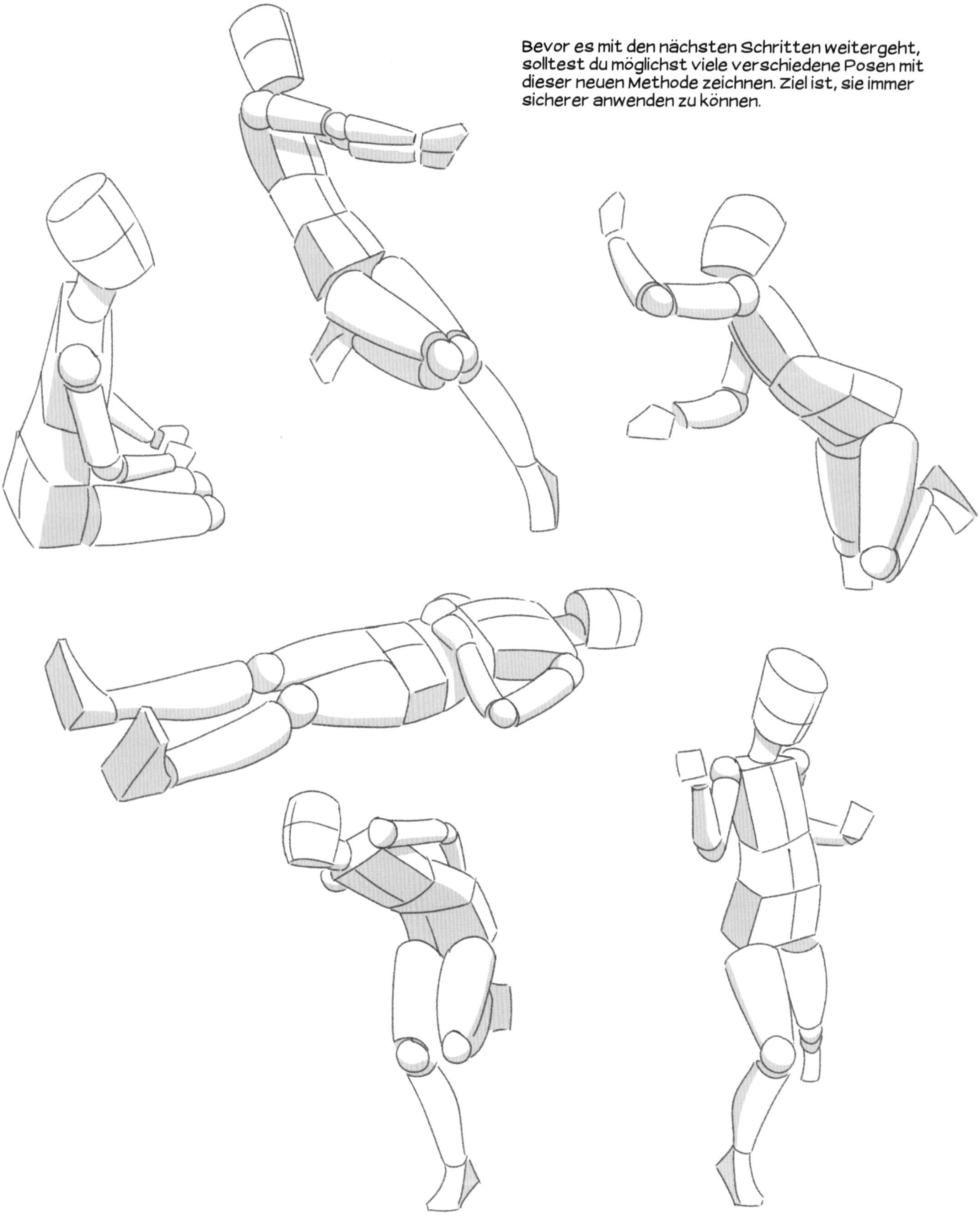

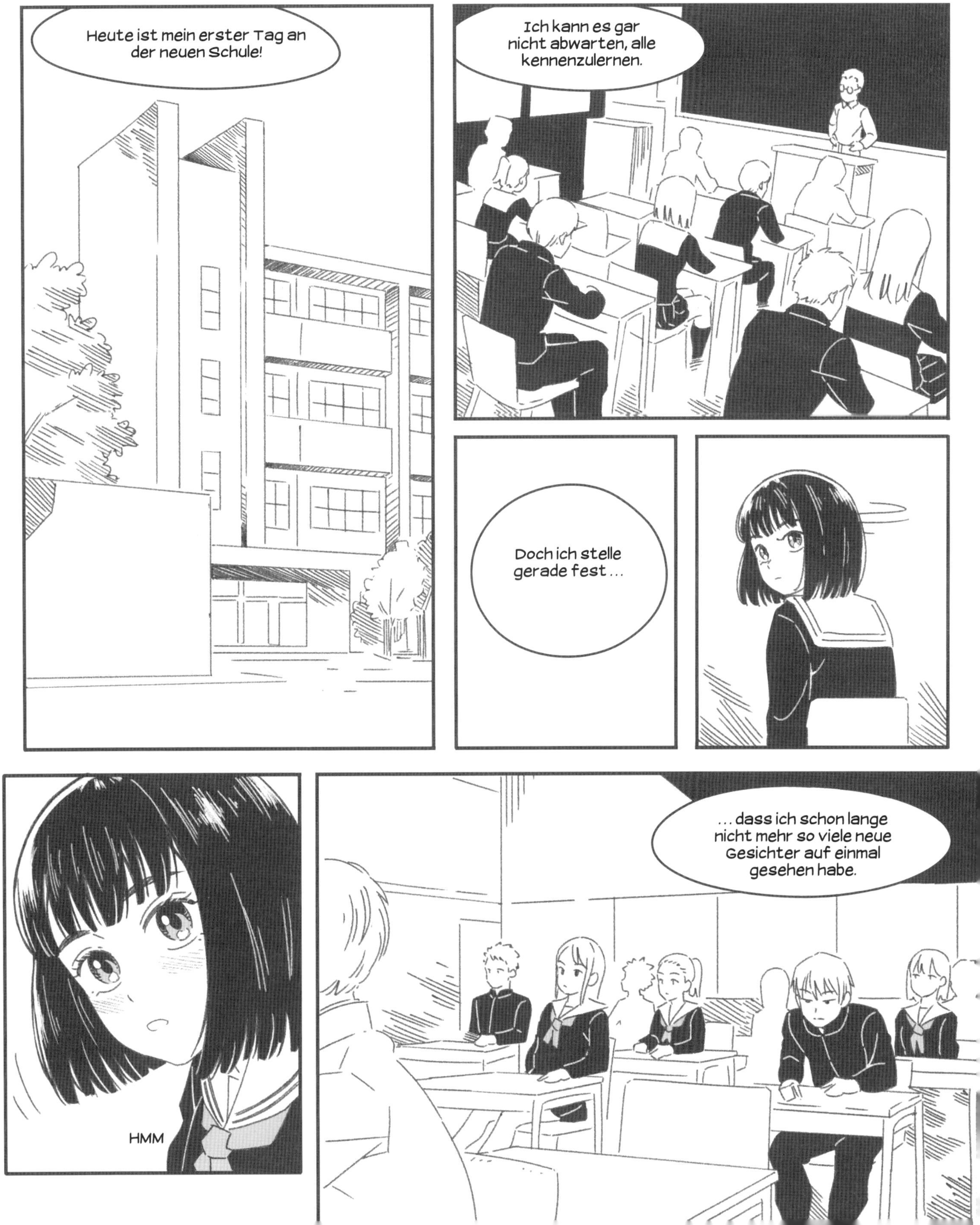

Heute ist mein erster Tag an der neuen Schule!
Ich kann es gar nicht abwarten, alle kennenzulernen.
Doch ich stelle gerade fest …
HMM
… dass ich schon lange nicht mehr so viele neue Gesichter auf einmal gesehen habe.

Wenn es etwas gibt, dass beim Zeichnen einer Figur besondere Aufmerksamkeit verlangt, dann ist es das Gesicht.

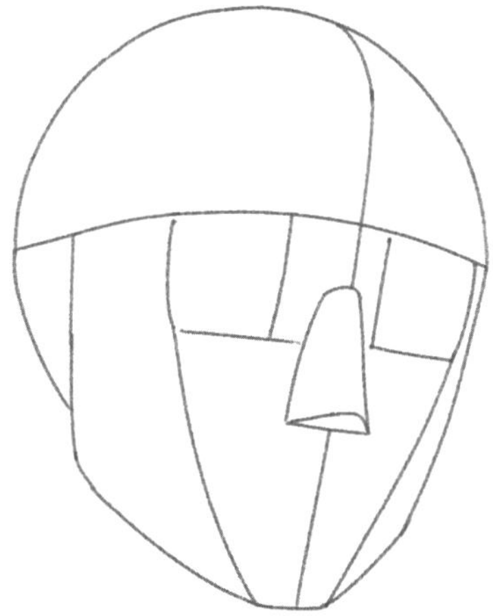

Das Gesicht ist das Erste, was uns als soziale Wesen an einem anderen Menschen auffällt. Das gilt auch für eine Zeichnung.

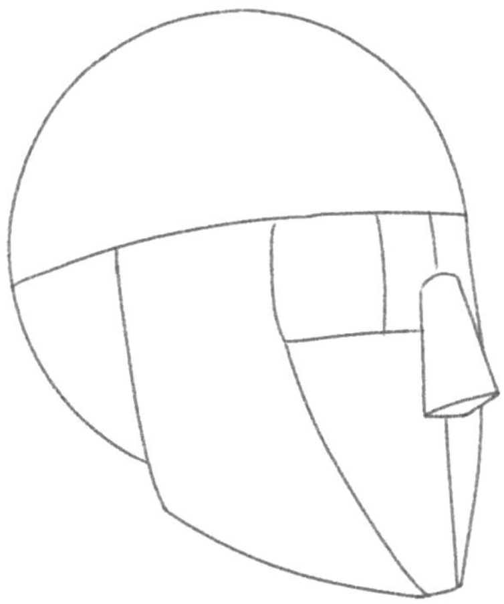

Das Gesicht ist Ausdruck unserer Individualität, demzufolge ist die Anzahl verschiedener Formen sehr groß.

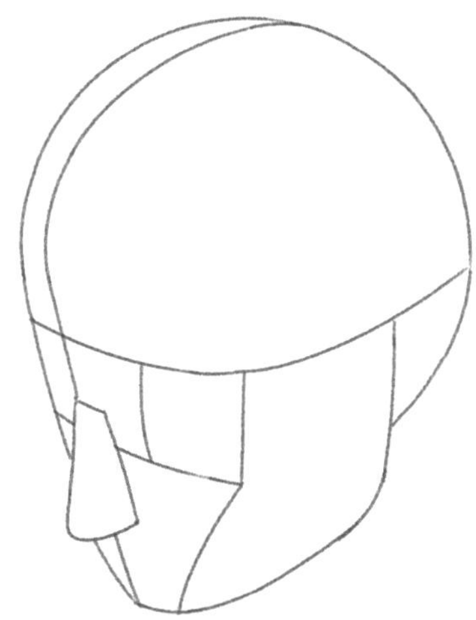

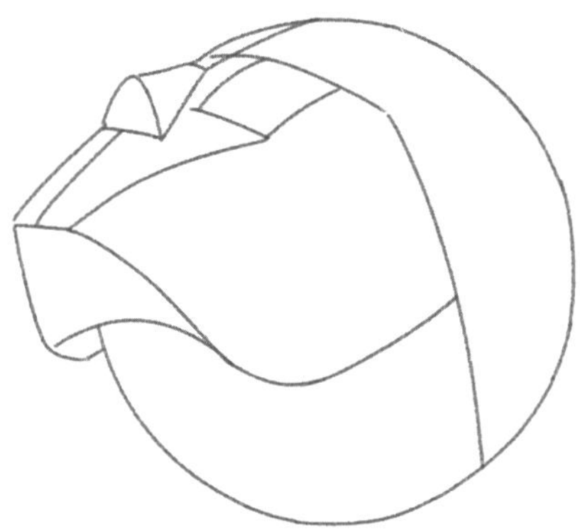

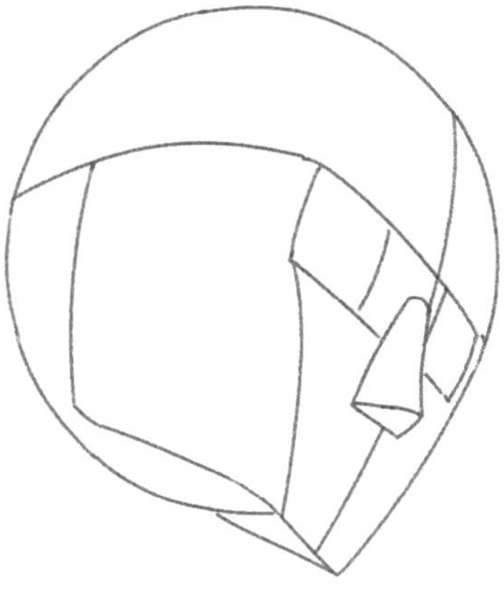

Für uns bleibt die Grundstruktur aber glücklicherweise fast immer dieselbe.

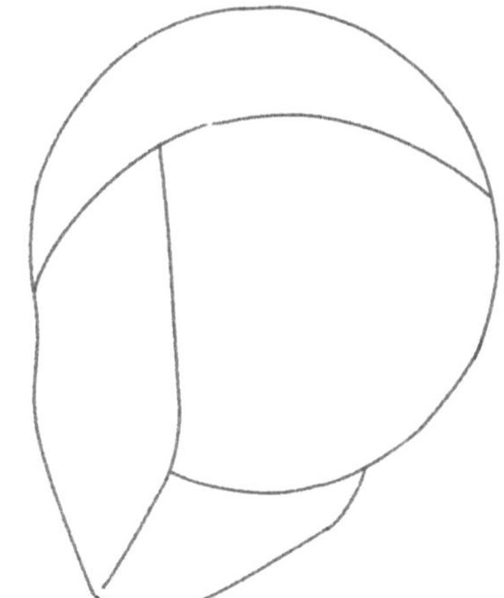

Um einen Kopf aus einer beliebigen Perspektive zeichnen zu können, muss man zunächst seine Grundform verstehen und richtig ausführen. Ist diese zu Papier gebracht, lassen sich alle Gesichtselemente viel leichter an der richtigen Stelle platzieren.

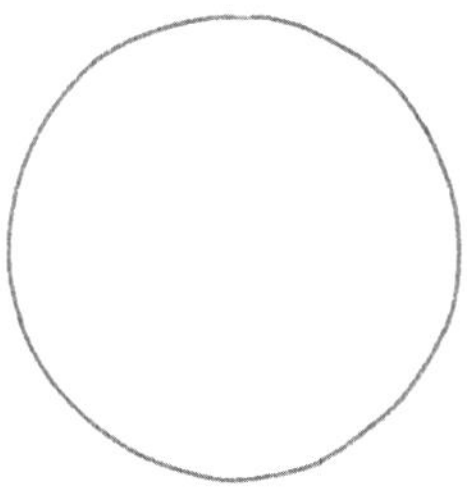

Zeichne einen Kreis für den Schädel.

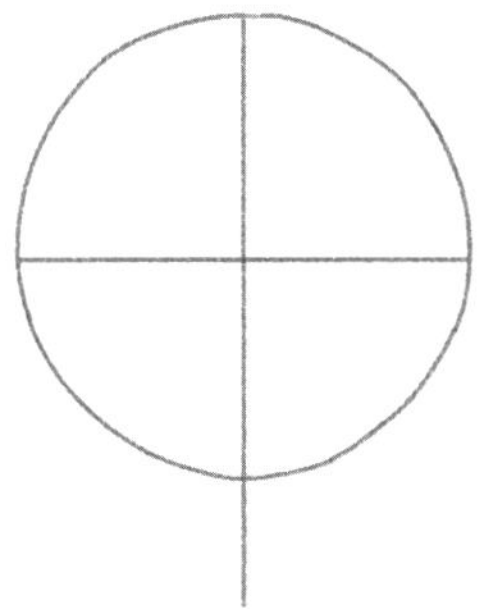

Zeichne eine horizontale Linie für die Position der Augenbrauen und eine vertikale Linie für die Symmetrieachse des Gesichts.

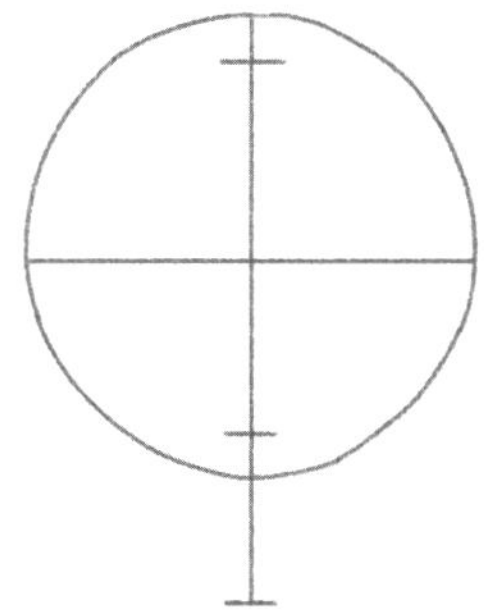

Das Gesicht wird in drei Abschnitte eingeteilt: Der Abstand zwischen Haaransatz und Augenbrauen ist der gleiche wie zwischen Augenbrauen und unterer Nasenlinie. Der Strich darunter markiert die Position des Kinns. Der Kreis wird an den Seiten abgeschrägt, da der Schädel an den Schläfen flach ist. Die Verlängerung dieser beiden Linien markiert den Beginn des Kiefers.

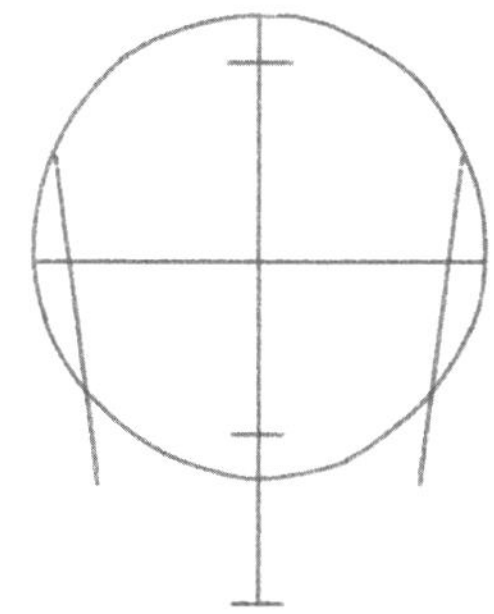

Verbinde den Kiefer mit dem Kinn. Der Kiefer beginnt etwas unterhalb der Nasenlinie.

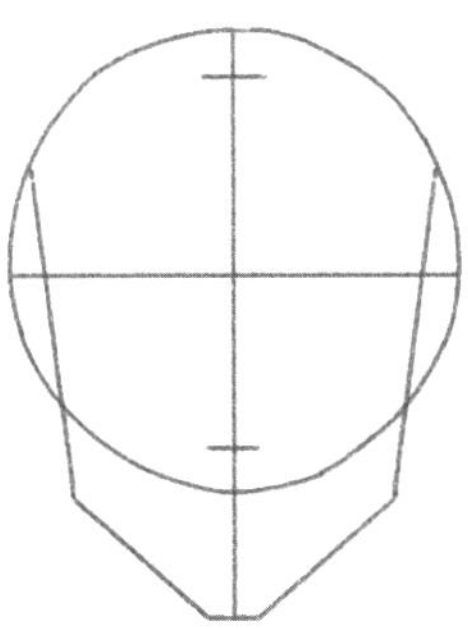

Ziehe eine Mittellinie zwischen Augenbrauen- und Nasenposition. Zeichne wie abgebildet

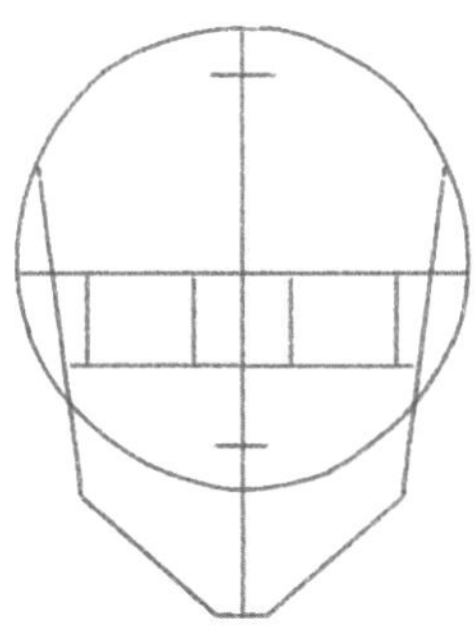

Quadrate, die als Orientierungshilfe für die Position der Augen dienen.

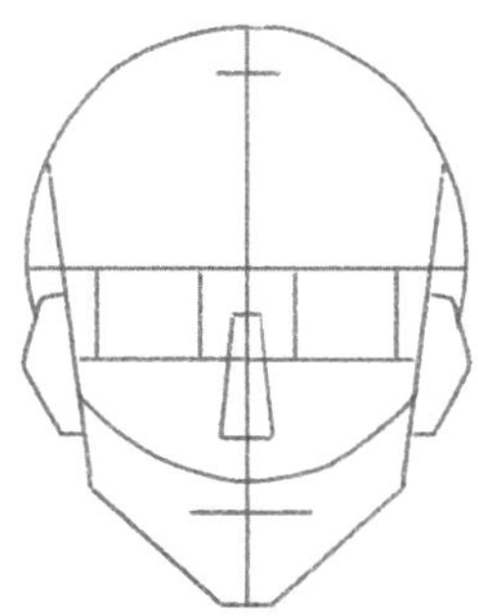

Der Mund befindet sich zwischen Nasen- und Kinnlinie. Füge eine Form für die Nase hinzu.

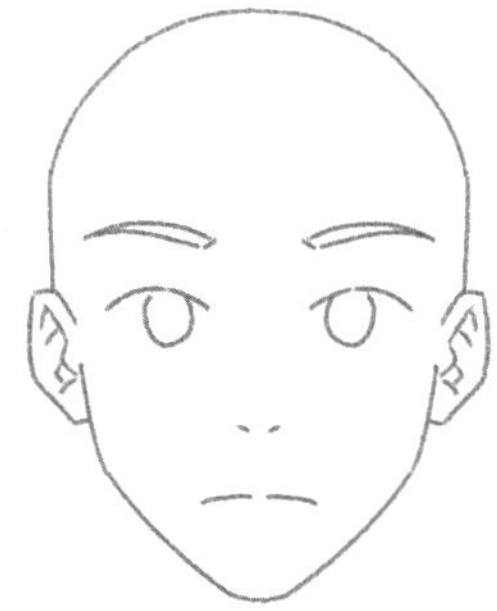

Und schon ist das Gesicht fertig! Füge noch zwei Formen für die Ohren hinzu und platziere sie zwischen Nase und Augenbrauen.

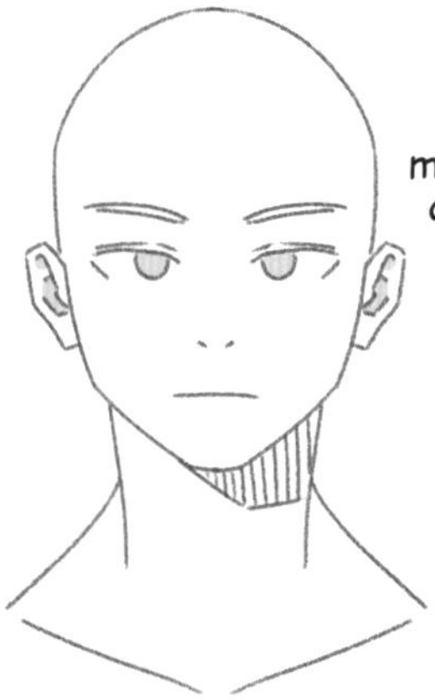

Für ein Gesicht mit männlichen Zügen zeichnest du das Kinn und den Kiefer etwas breiter.

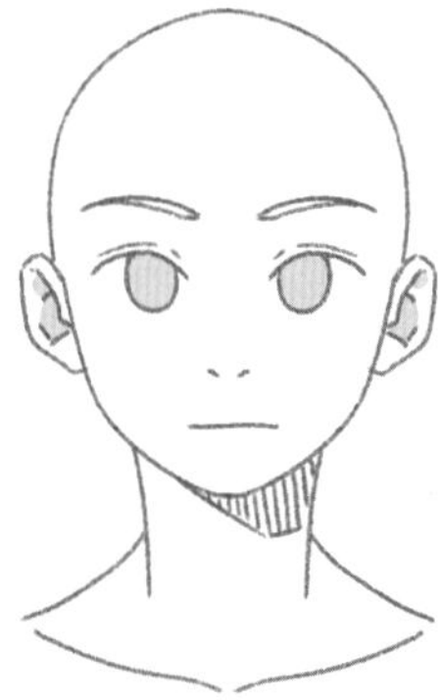

Für ein Gesicht mit weiblichen Zügen zeichnest du die Nase kleiner und die Augen größer.

Indem du die Größe der Gesichtsdrittel und die Proportionen veränderst, erhältst du unterschiedliche Gesichtsformen: großer Kiefer, kleine Augen, ausgeprägte Nase, enge Stirn, alles ist möglich.

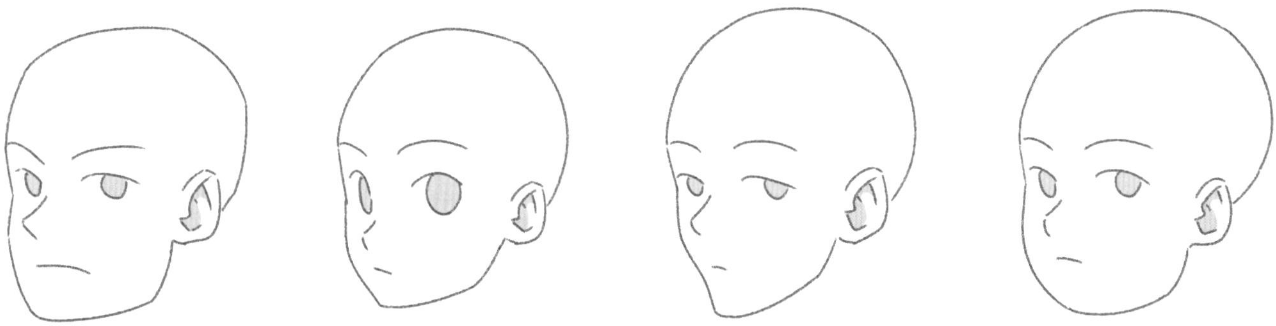

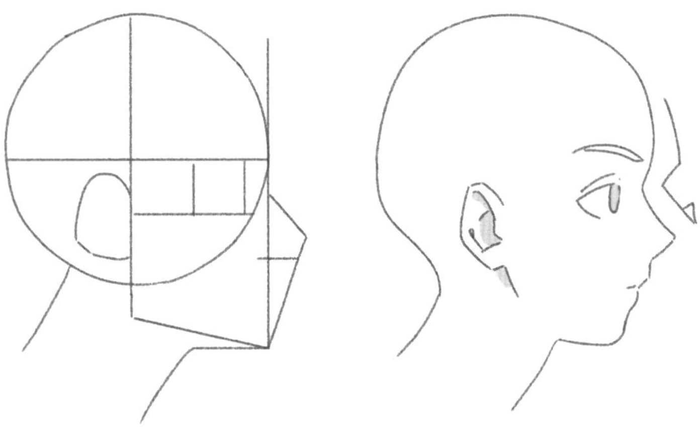

Für ein Gesicht im Profil platziert man die Drittellinie auf einer Seite des Gesichts, während die Kieferlinie frontal verläuft.

Im Profil werden die Augen zu Dreiecken.

Zwischen Augenbrauenbogen und Beginn der Nase weist die Kontur eine kleine Kerbe auf.

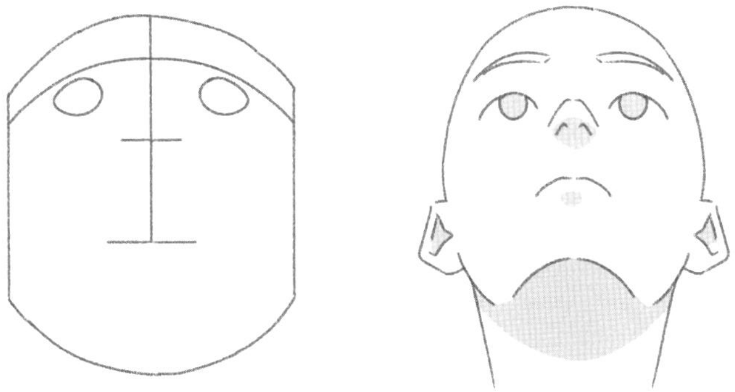

Für die Darstellung eines Gesichts gelten die gleichen Regeln wie für perspektivisches Zeichnen!

Aus der Froschperspektive erscheint das erste Gesichtsdrittel (vom Kinn bis zur Nase) länger als die beiden anderen.

Der Bereich unter der Nase bildet ein Dreieck.

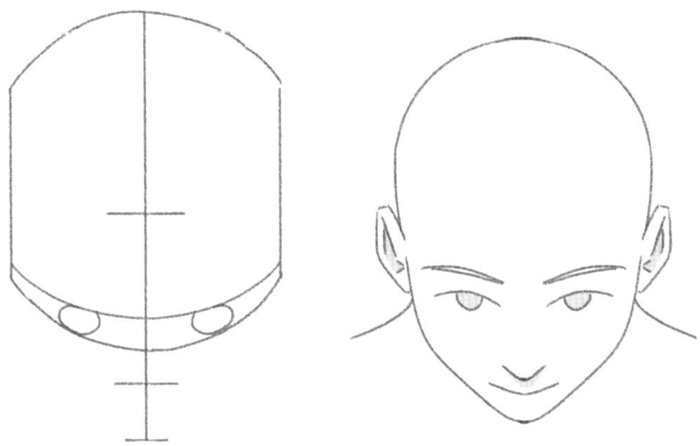

Aus der Vogelperspektive ist es genau umgekehrt. Hier erscheint die Stirn länger.

Viel Spaß beim Zeichnen von Gesichtern aus den verschiedensten Blickwinkeln.

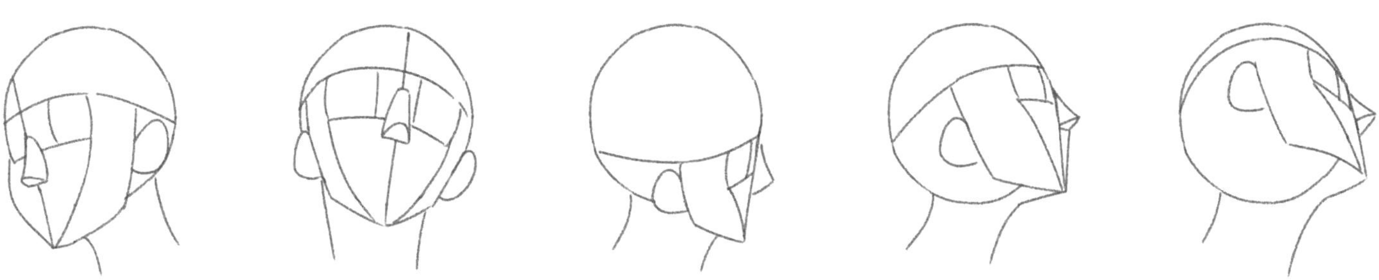

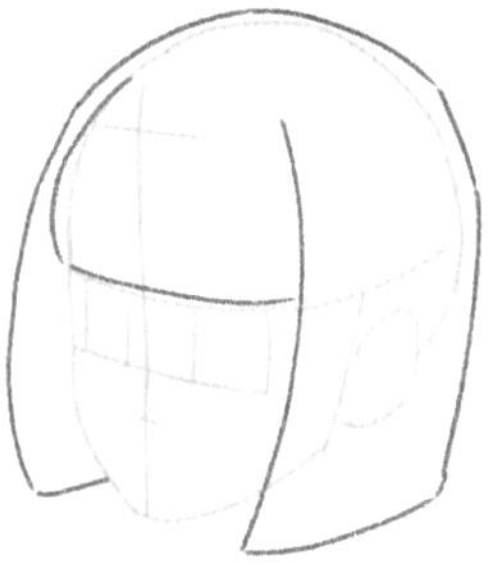

Die Frisur betrachtet man zunächst als eine einzige, zusammenhängende Masse und skizziert sie als ganzheitliche 3D-Form. Die Art der Haare spielt dabei keine Rolle. Es geht lediglich darum, eine vereinfachte Grundform zu finden.

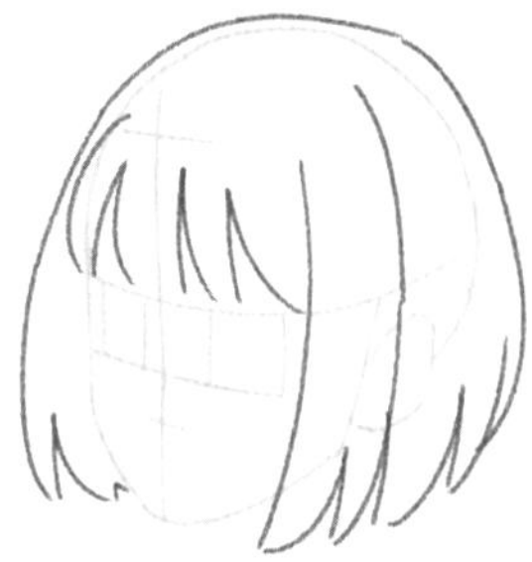

Steht die Grundform einmal fest, unterteilst du diese in mehrere Strähnen, um Volumen und Tiefe zu erzeugen.

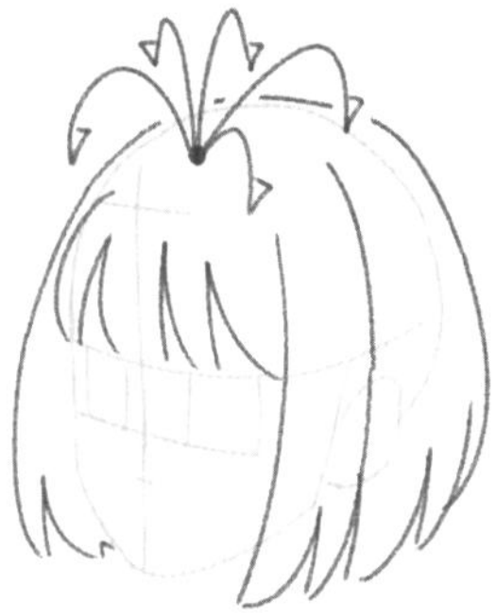

Für eine detailliertere Darstellung kannst du weitere Strähnen hinzufügen, beginne dabei mit der Linie am Haaransatz. Die Position der Linie kann je nach Haarschnitt unterschiedlich sein.

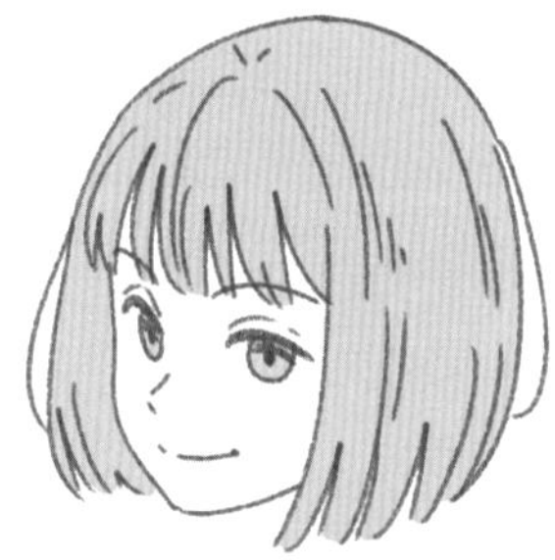

Und schon ist die Frisur fertig!

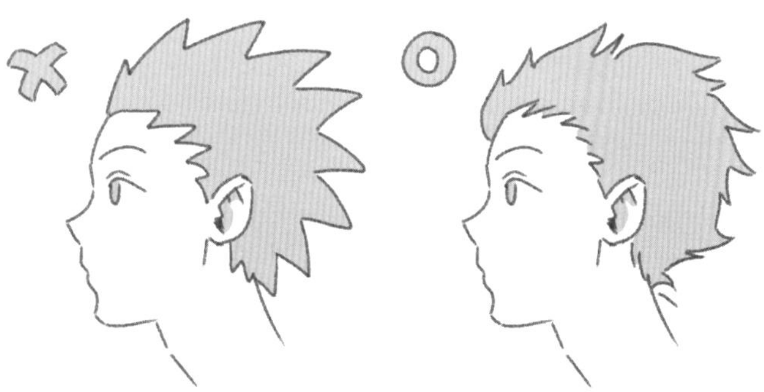

Die Frisur sieht interessanter aus, wenn du mit der Größe der Strähnen spielst. Sie sollten nicht alle gleich groß sein, zeichne stattdessen kleine, mittelgroße und schließlich große Strähnen. Dadurch erhält die Frisur mehr Dynamik!

Spiele mit den Formen und verändere die Position des Haaransatzes, um verschiedene Haarschnitte zu kreieren: kurzes, langes, glattes oder lockiges Haar …

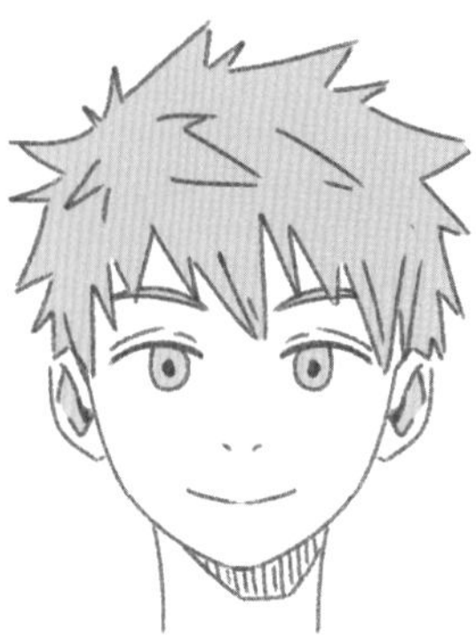
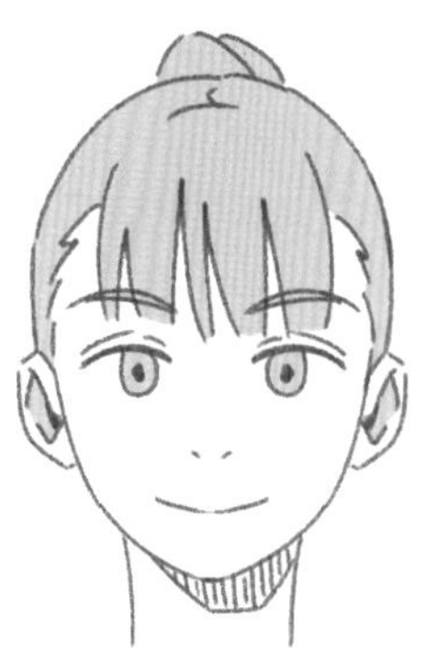
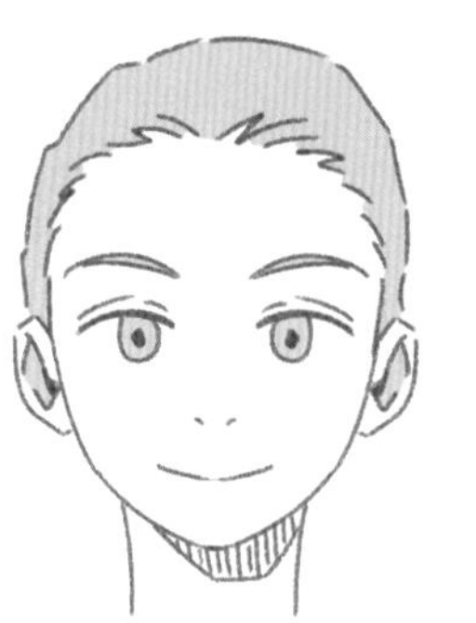
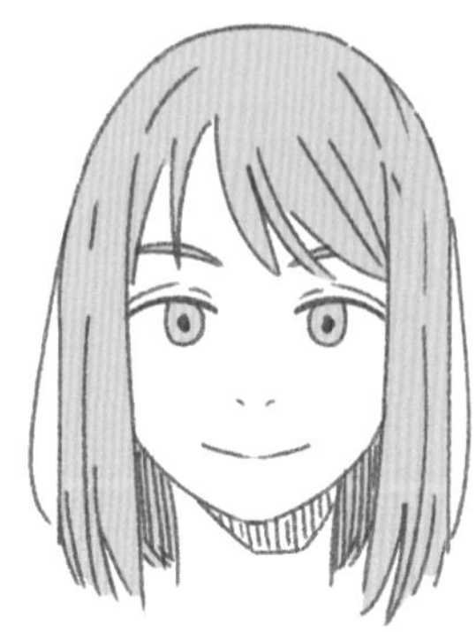

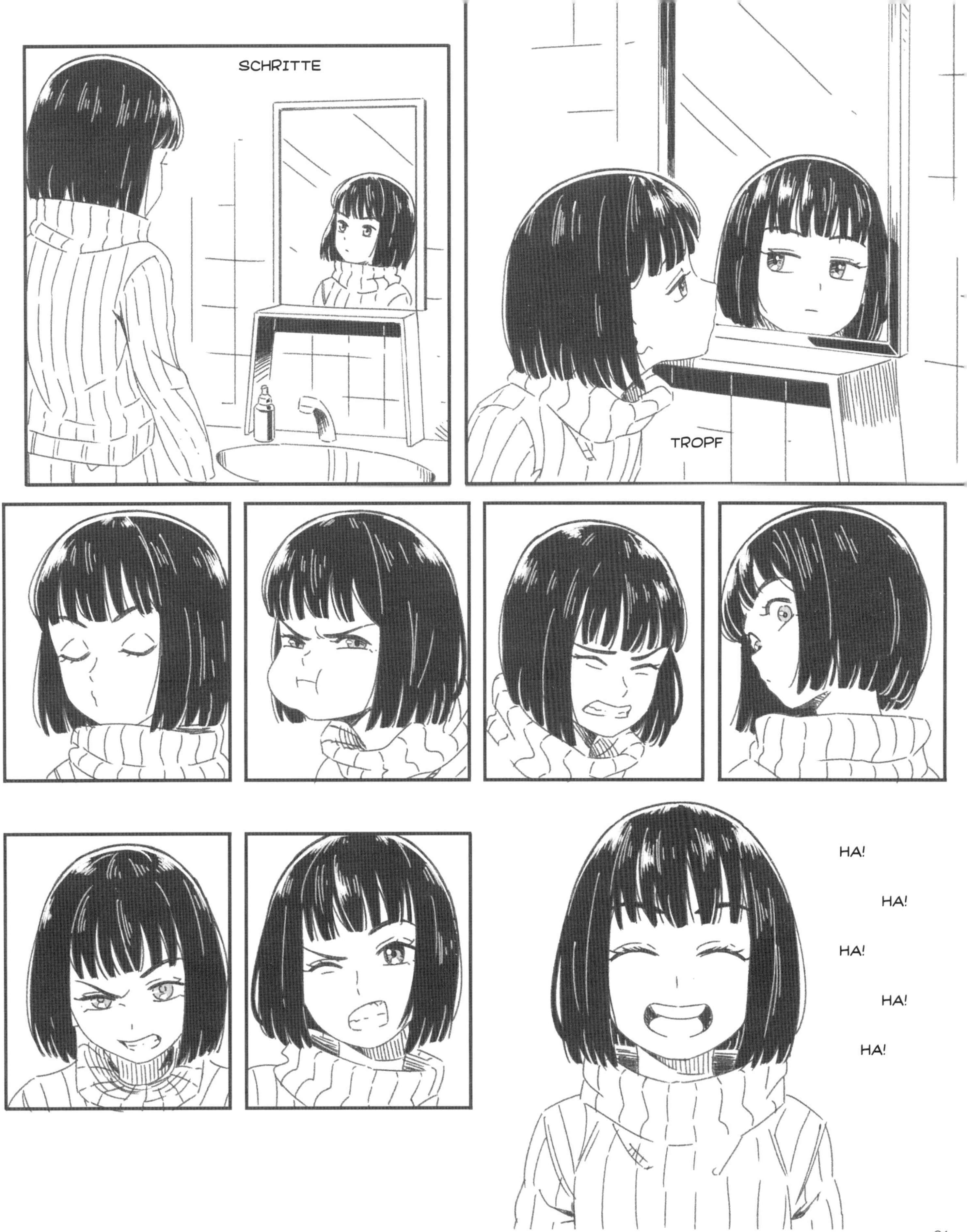
SCHRITTE
TROPF
HA!
HA!
HA!
HA!
HA!

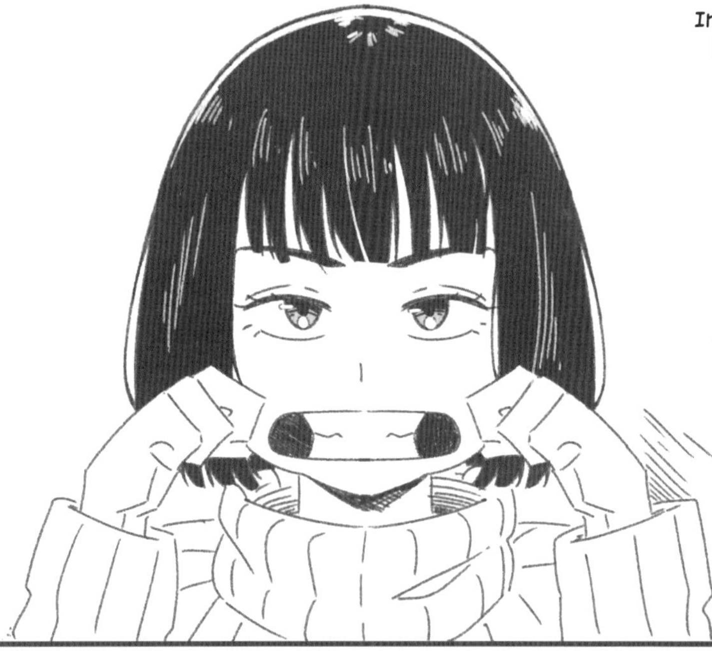

In einer Geschichte ist es manchmal gut, auf Worte zu verzichten und stattdessen die Bilder für sich sprechen zu lassen.

„Zeigen ist besser als sagen."

Der Gesichtsausdruck eines Menschen ist der Spiegel seiner Emotionen, weshalb es ihm auch auf diese Weise möglich ist, mit anderen zu kommunizieren.

Der Gesichtsausdruck lässt deine Figuren lebendig werden und verleiht ihnen Persönlichkeit.

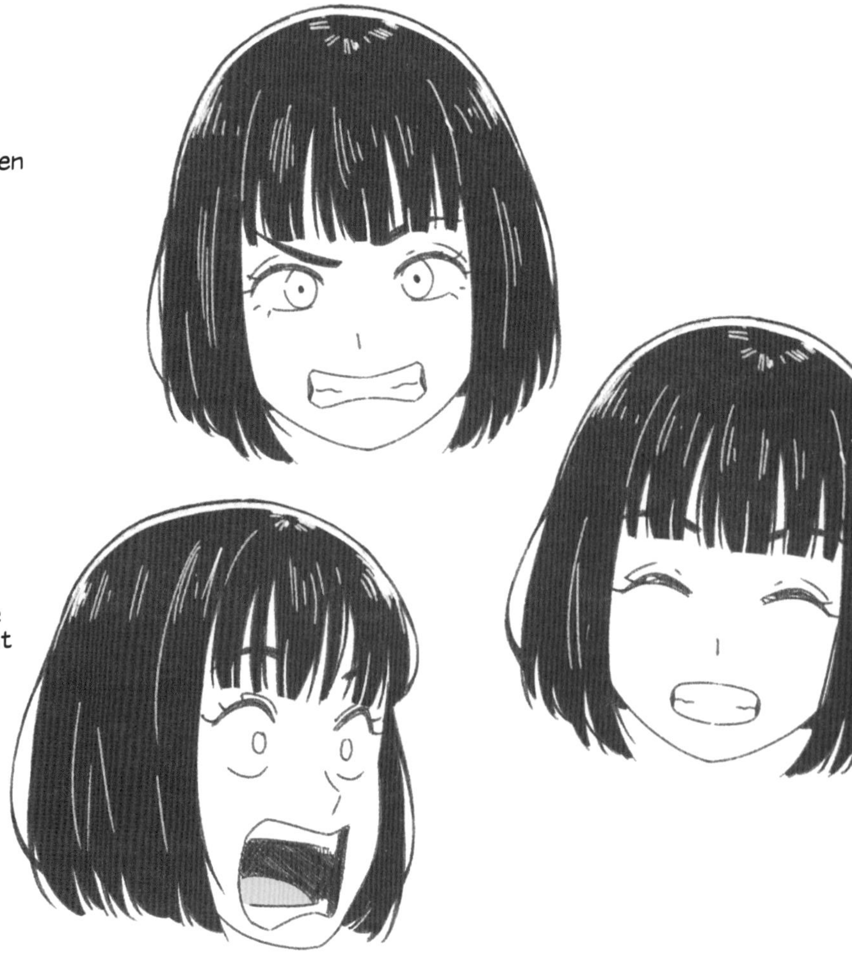

Platziere die Augen in die dafür vorgesehenen Felder (siehe Aufbau des Gesichts). Der Augenabstand ist in der Regel eine Augenbreite.

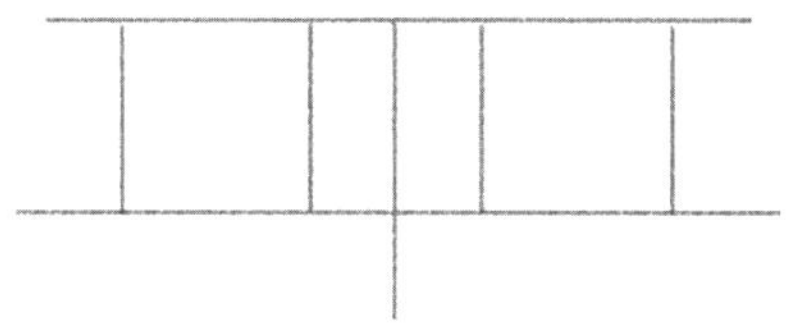

Zeichne oben und unten eine geschwungene Linie. Die untere Linie markiert die Stelle für den unteren Augenbereich. Die Iris besteht aus einem einfachen Kreis, mit einem kleinen schwarzen Punkt in der Mitte für die Pupille.

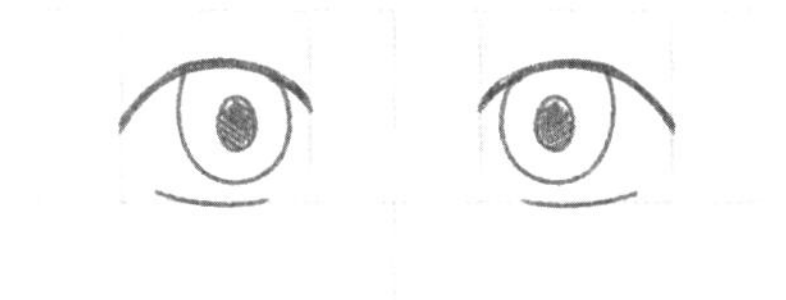

Der Platz über dem Auge hängt davon ab, wie weit das Lid geschlossen ist.

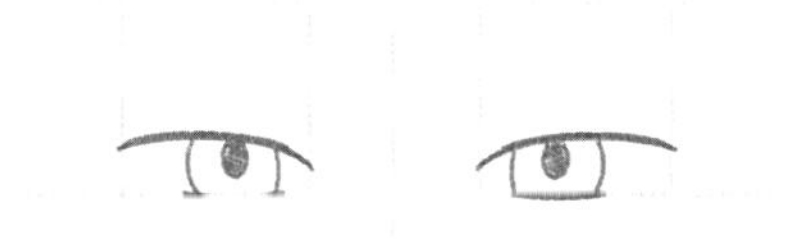

Für die Darstellung einer weiblichen Figur zeichnet man in der Regel einen Lidstrich sowie Wimpern am Oberlid. Die Iris ist generell größer.

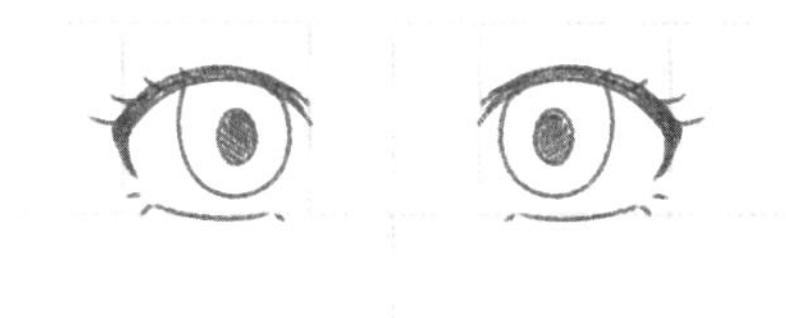

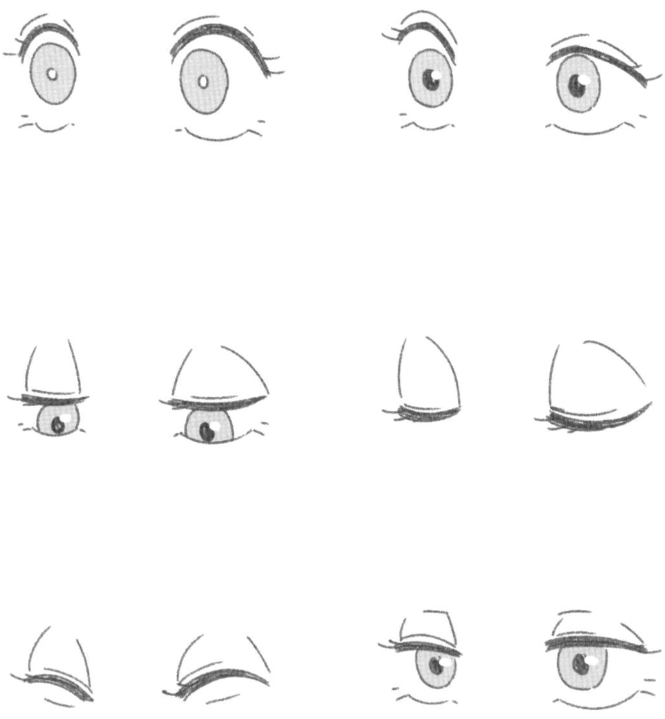

Indem du die Position des Augenlids, mehr oder weniger geschlossen, und die Augenform veränderst, kannst du unterschiedliche Gesichtsausdrücke kreieren.

Die Augen sind der Spiegel der Seele. Variiere die Größe und Form von Iris und Pupille, um die jeweils gewünschte Emotion darzustellen.

Die Form der Augenbrauen ist ebenfalls entscheidend für den Gesichtsausdruck.

Zusammengezogene Augenbrauen bedeuten Wut oder Nervosität, eine nach oben verlaufende Augenbrauenlinie zeigt Überraschung oder Erregtheit an.

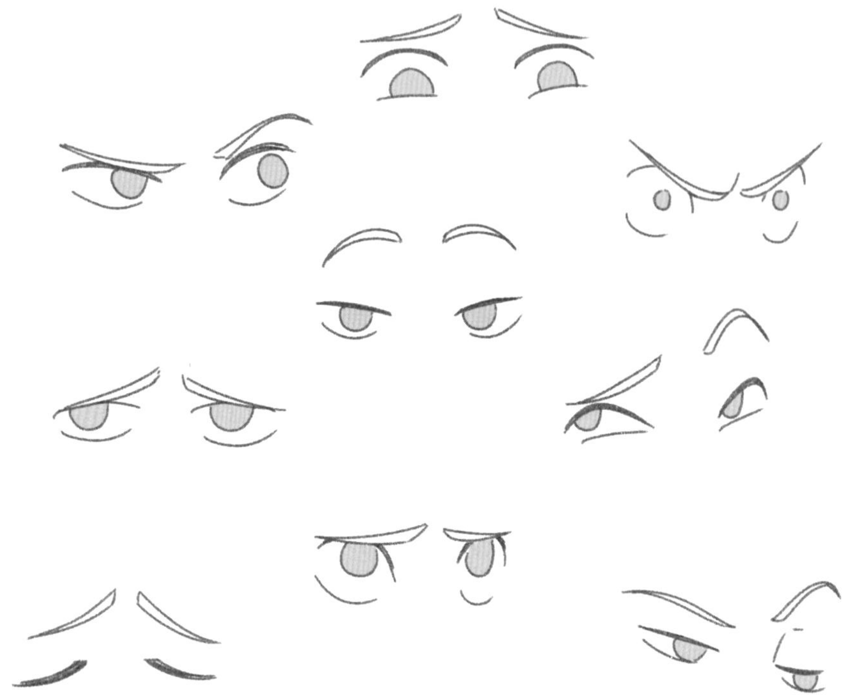

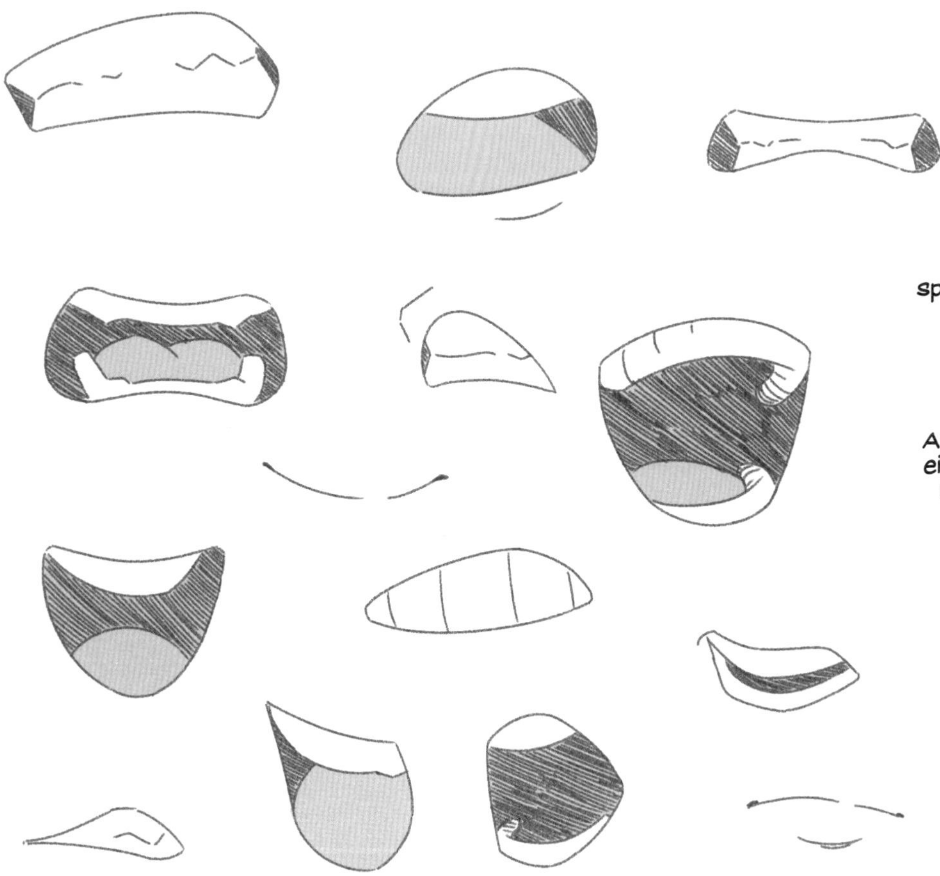

Auch die Form des Mundes spielt eine wichtige Rolle für die Darstellung einer Emotion.

Bei gleicher Form von Augenbrauen und Augen kann ein unterschiedlicher Mund die Emotion radikal verändern.

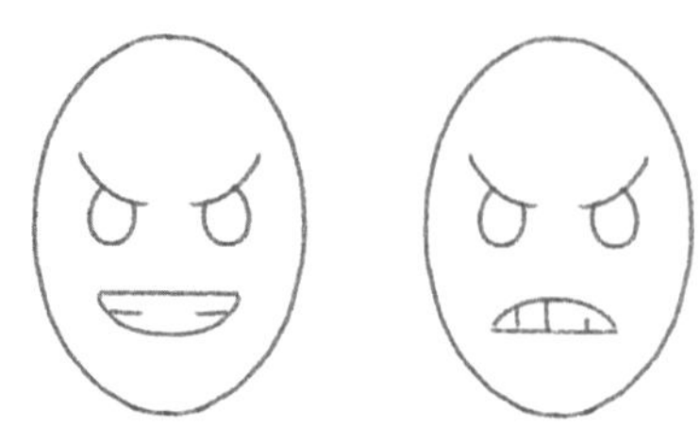

Durch das Zusammenspiel von Augen, Augenbrauen und Mund ergibt sich eine große Bandbreite an darstellbaren Emotionen.

Einige Beispiele für häufige Gesichtsausdrücke:

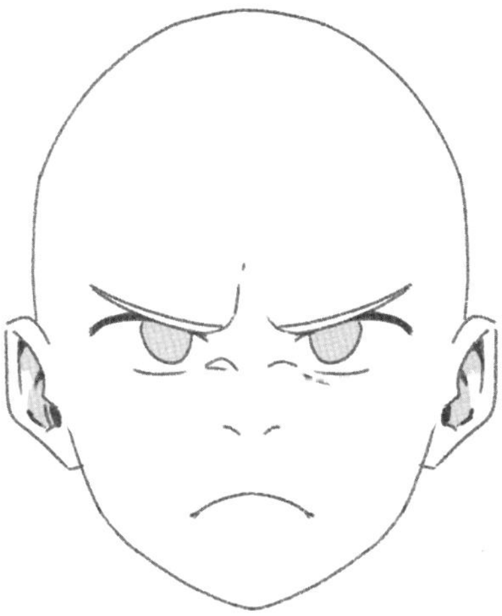

Wut

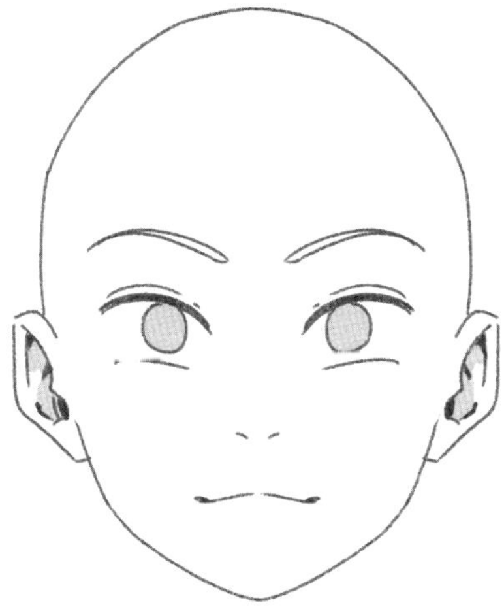

Freude

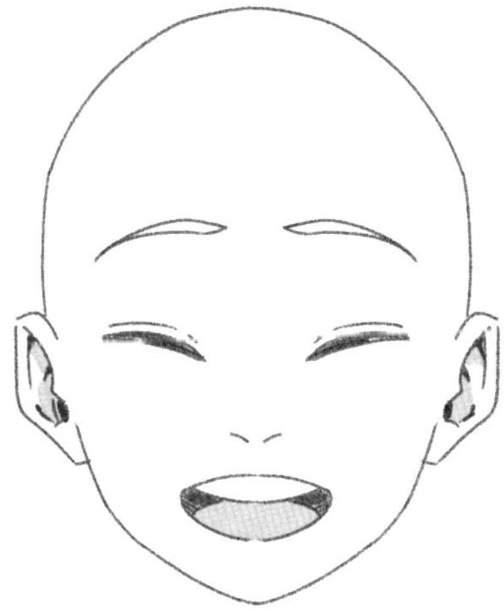

Lachen

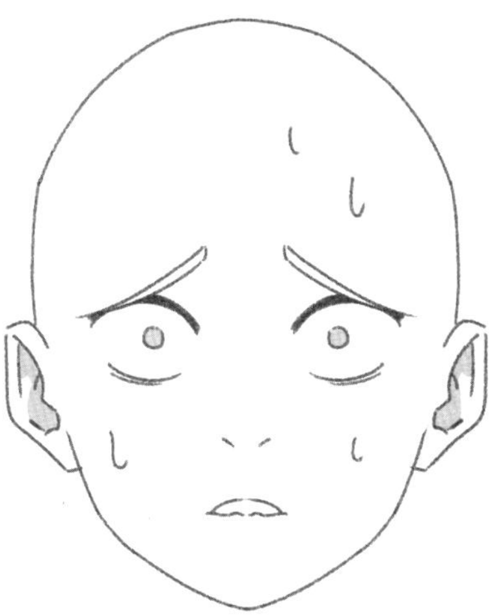

Angst

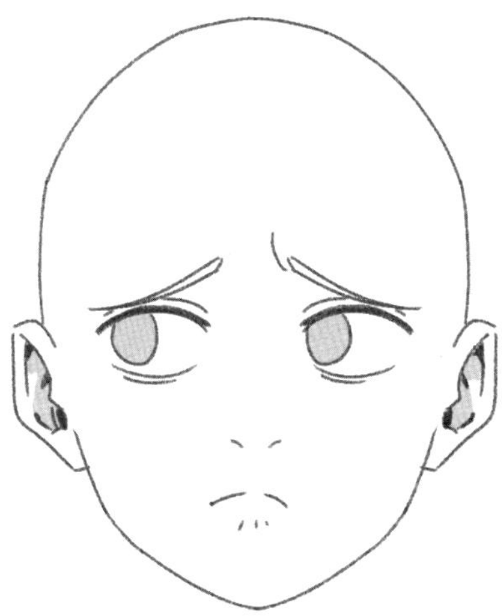

Traurigkeit

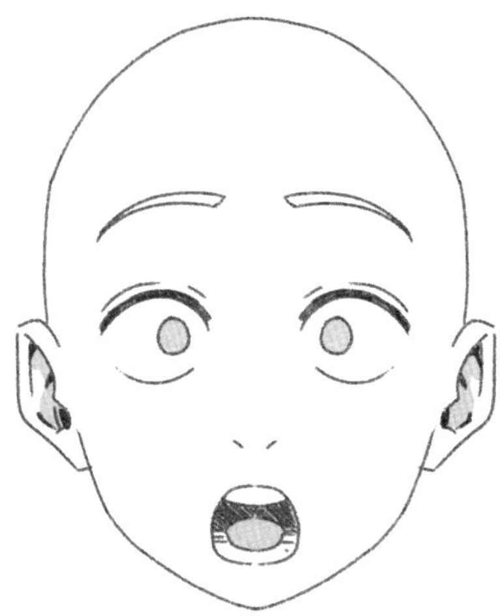

Überraschung

Du kannst die Intensität der Gesichtsausdrücke noch steigern, indem du die eben gezeigten Gesichtszüge stärker betonst. Probiere es aus! Versuche auch, die Gesichtspositionen zu variieren, wenn du eine Schwierigkeitsstufe drauflegen möchtest.

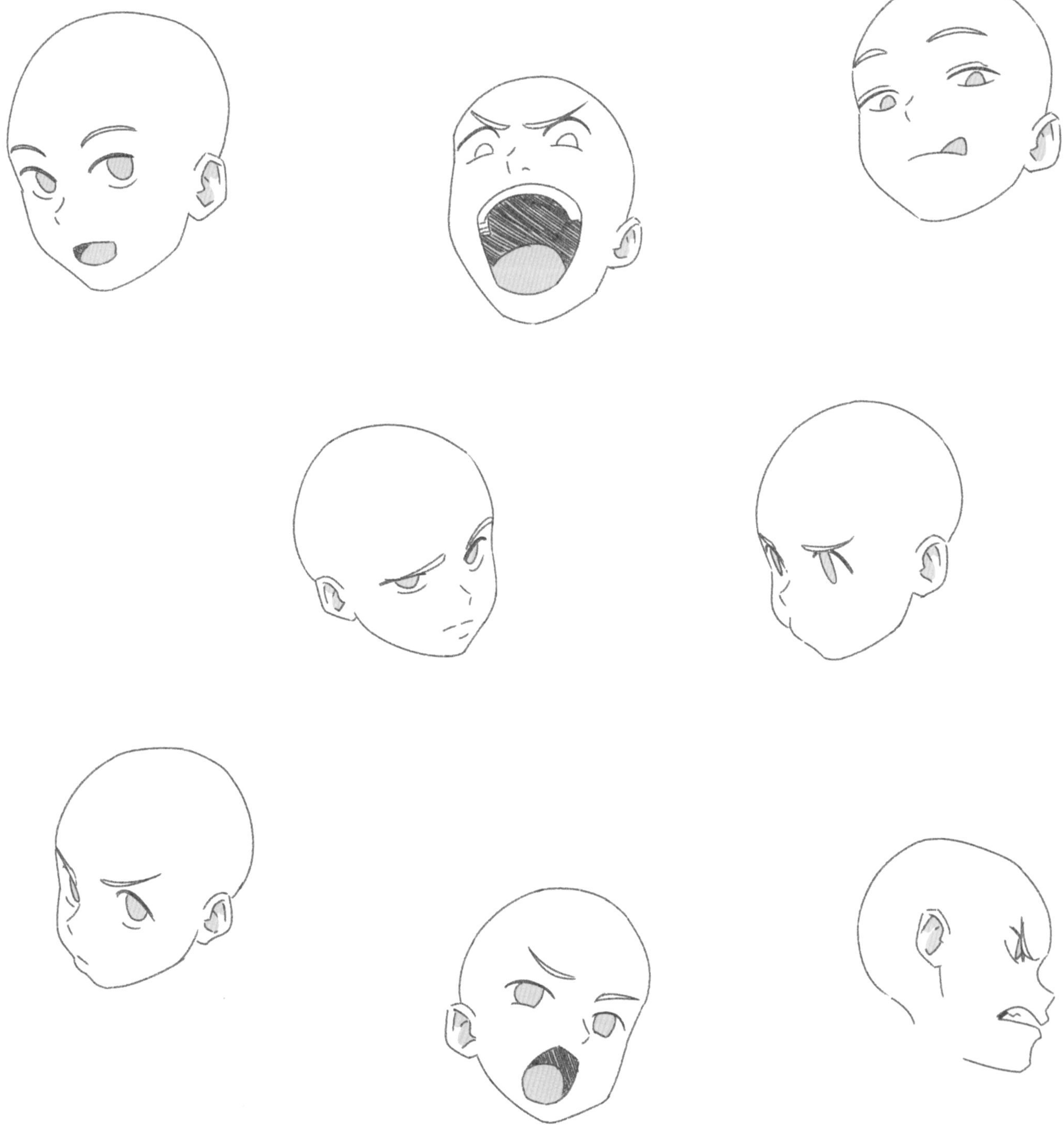

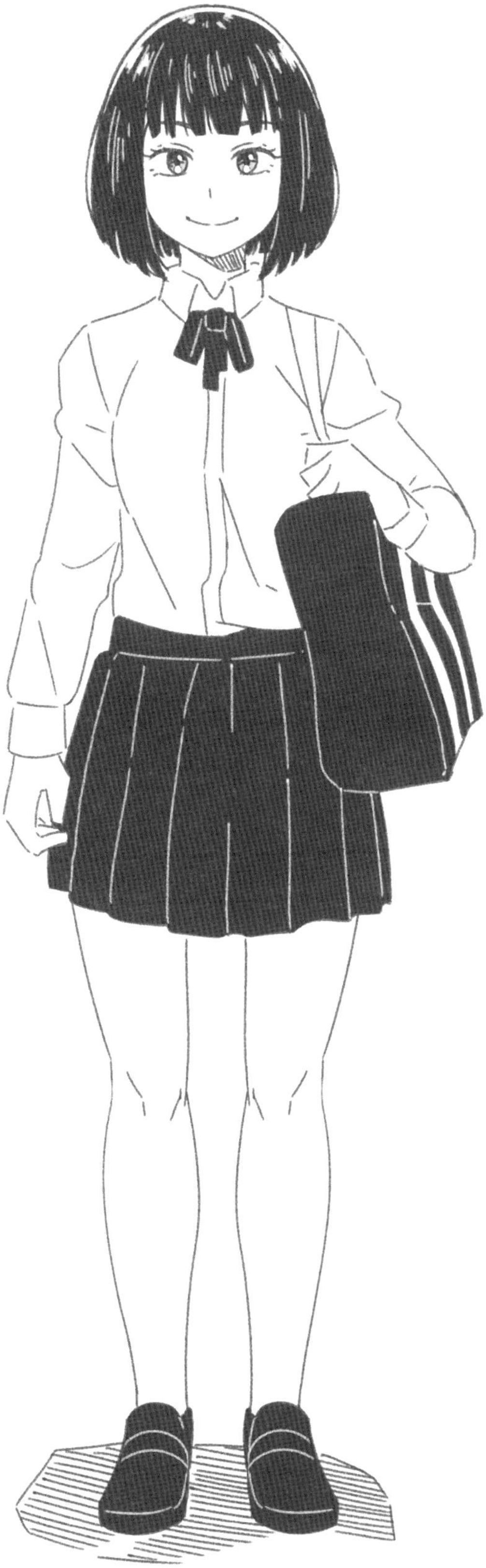

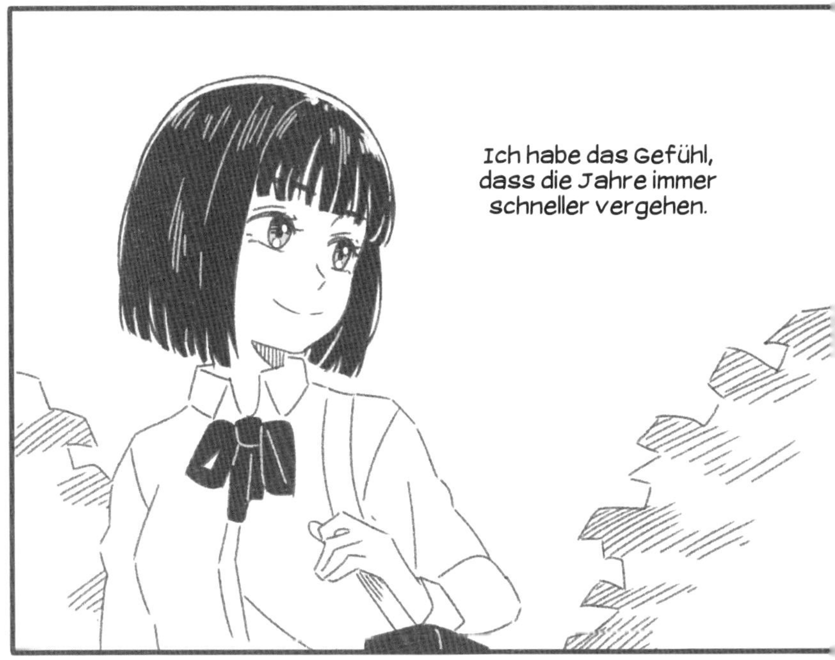

Die Schule hat wieder angefangen, und ich merke jetzt, dass sich nicht nur mein eigener Körper, sondern auch der aller anderen um mich herum verändert hat.

Dadurch lässt sich das alles viel schwieriger zeichnen …

Die Anatomie des menschlichen Körpers ist sehr komplex. Ein solcher Körper lässt sich leichter zeichnen, wenn die wichtigsten Muskelgruppen in einfachen Formen zusammengefasst dargestellt werden.

Das gezeigte Körpermodell dient dabei als Gerüst. Ergänze diese Struktur mit weiteren Formen, damit der Eindruck eines echten Körpers entsteht.

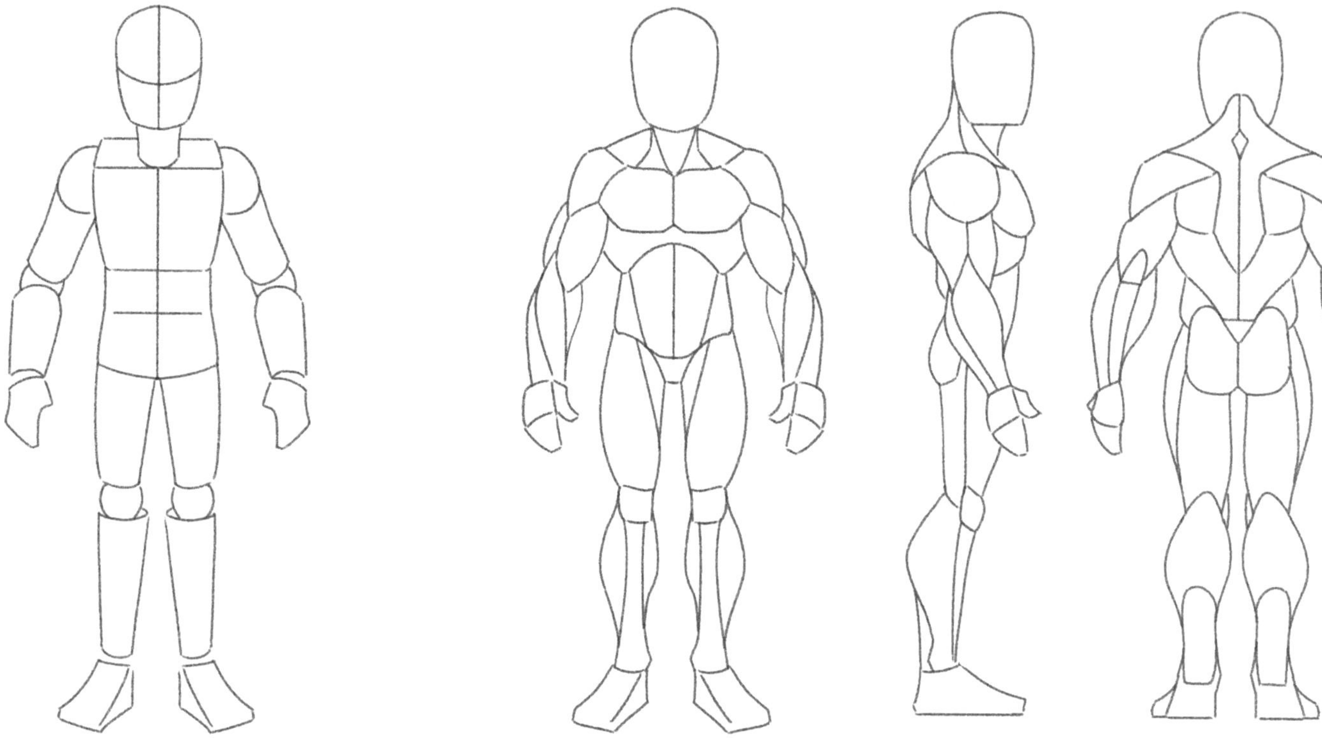

Der sogenannte große Kopfwender (Musculus sternocleidomastoideus) zieht sich von hinter den Ohren v-förmig bis zum Schlüsselbein und Brustbein. Er ist am gestreckten Hals durch die Haut sichtbar und wird in Zeichnungen häufig dargestellt.

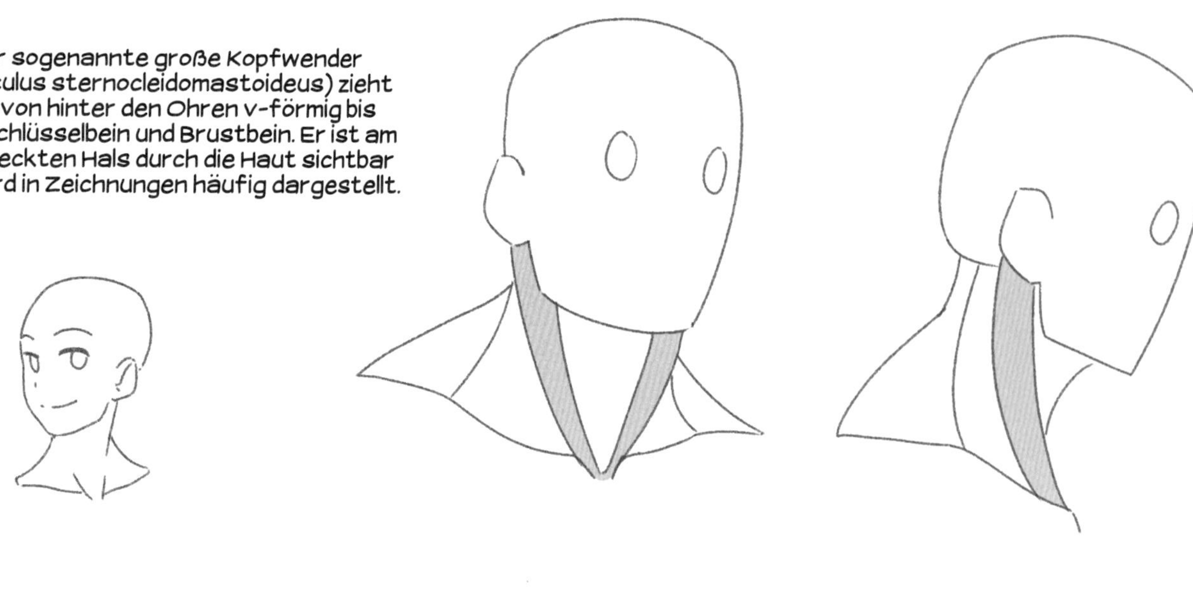

Die Brustmuskeln stehen in Verbindung mit dem Deltamuskel (Musculus deltoideus).

Rautenförmiger Trapezmuskel

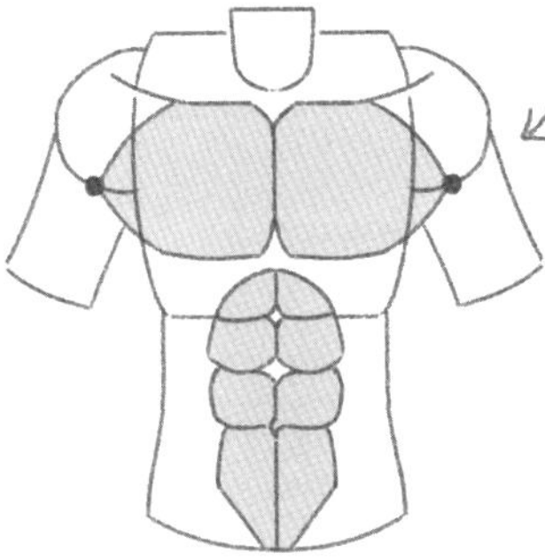

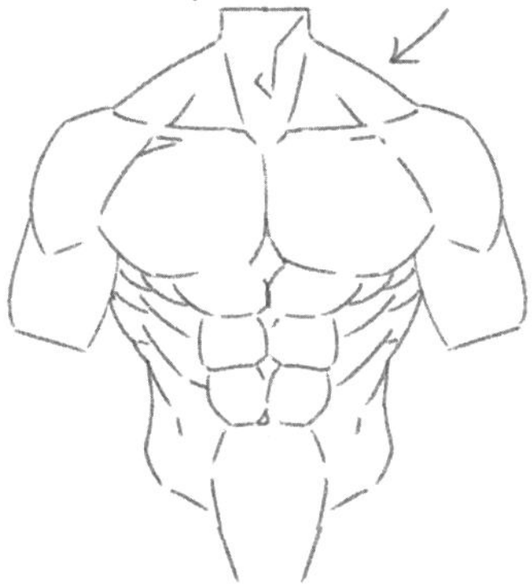

Bauchlinie

Die untere Brustmuskulatur befindet sich in der Mitte des Brustkorbs.

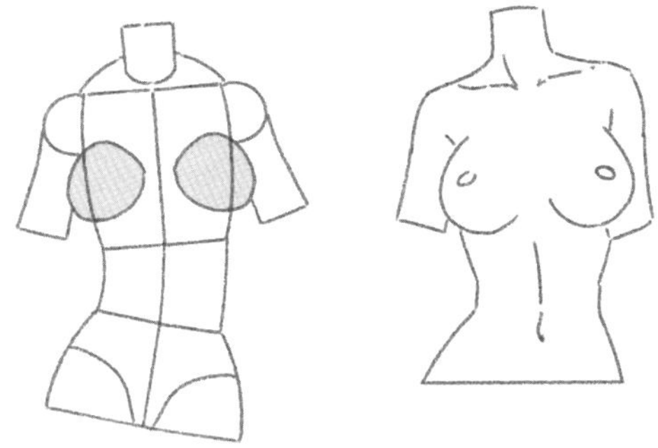

Bei einem weiblichen Körper platziert man auf den Brustmuskeln zusätzlich zwei runde Formen (variable Größe) für die Brüste.

Die Schlüsselbeine sind äußerst hilfreich, wenn es um das Zeichnen des Oberkörpers geht. Sie verbinden das Brustbein mit dem Deltamuskel.

Beim Heben und Senken der Schulter folgen die Schlüsselbeine der Bewegung!

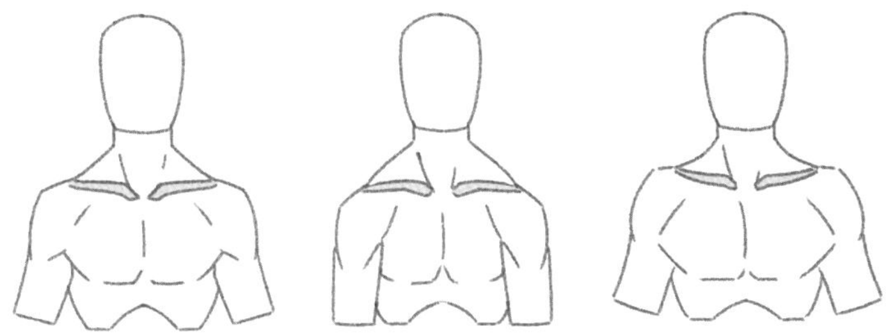

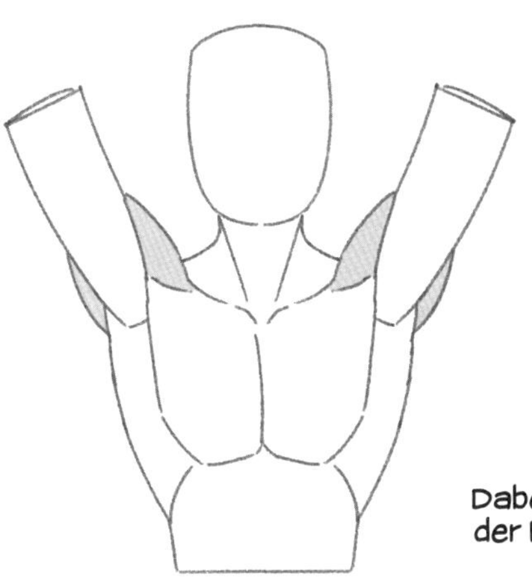

Beim Heben der Arme werden die Schultermuskeln teilweise verdeckt, während die Rückenmuskeln zum Vorschein kommen.

Dabei stellt man fest, dass sich auch die Form der Brustmuskeln ändert, weil diese weiterhin mit dem Deltamuskel verbunden sind.

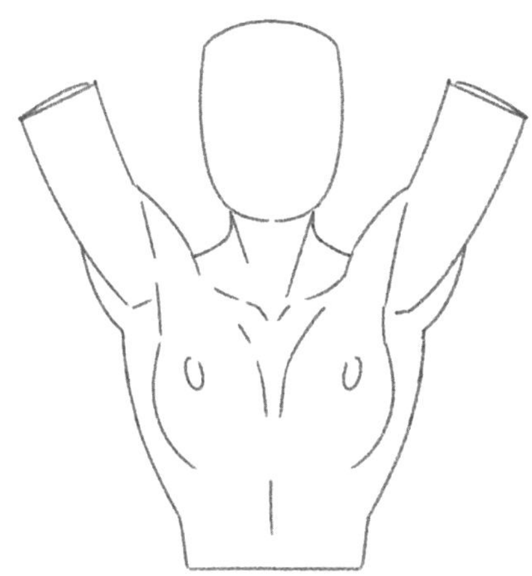

Bei Frauen führt die Bewegung zu einer Dehnung der Brüste!

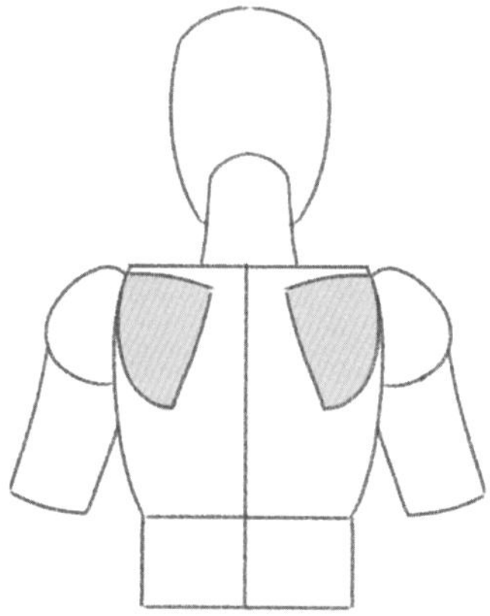

Die dreieckigen
Schulterblätter sind eine gute
Hilfe für die Platzierung der
Rückenmuskeln.

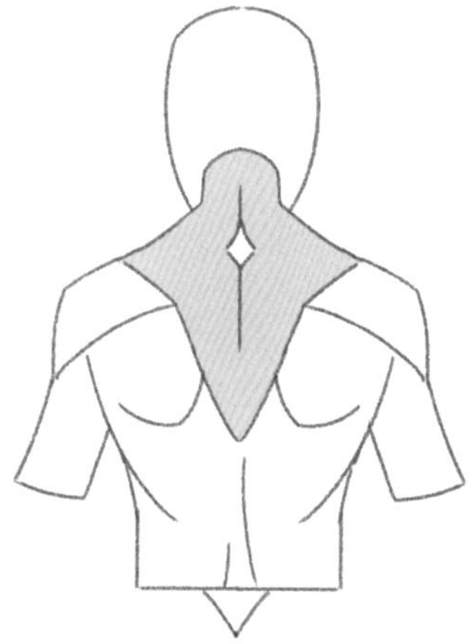

Der Trapezmuskel verläuft im
Rücken rautenförmig von der
Schädelbasis bis auf die Höhe des
Brustbeins.

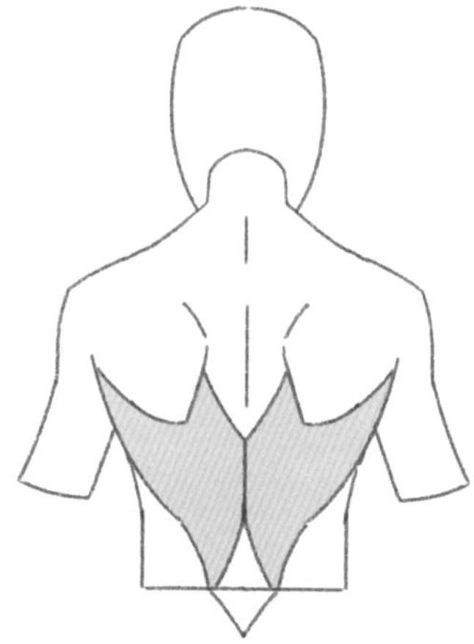

Die Seitenmuskeln ziehen
sich von der inneren
Schulter bis zum Becken.

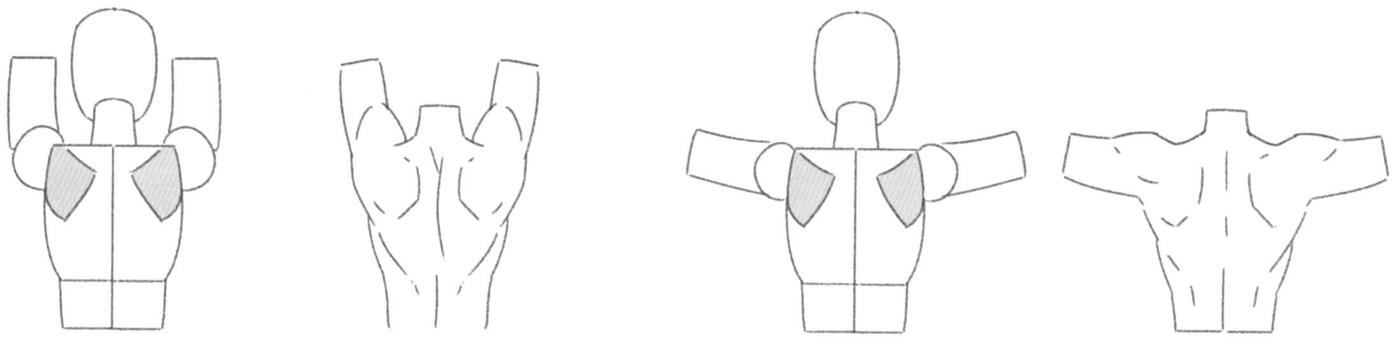

Beim Heben der Arme folgen die Schulterblätter der Bewegung und drehen sich mit.
Dieses Wissen ist hilfreich, um die Muskeln richtig zu platzieren.

Eine ¾-Ansicht erfordert natürlich veränderte Proportionen.

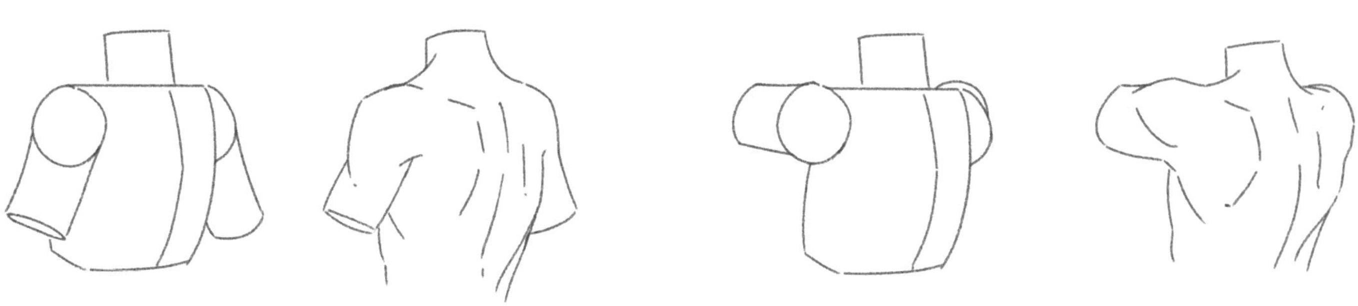

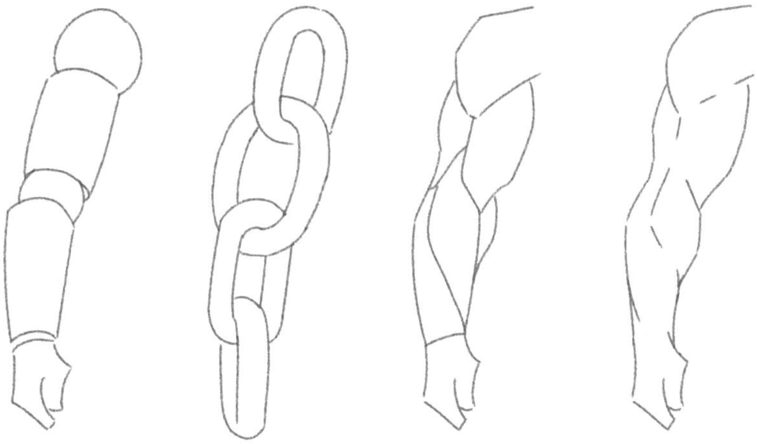

Das Zeichnen von Armmuskeln ist kompliziert. Eine Hilfe könnte sein, sie wie die Glieder einer Kette zu betrachten.

Bizeps und Trizeps sind durch den Deltamuskel fast perfekt voneinander getrennt.

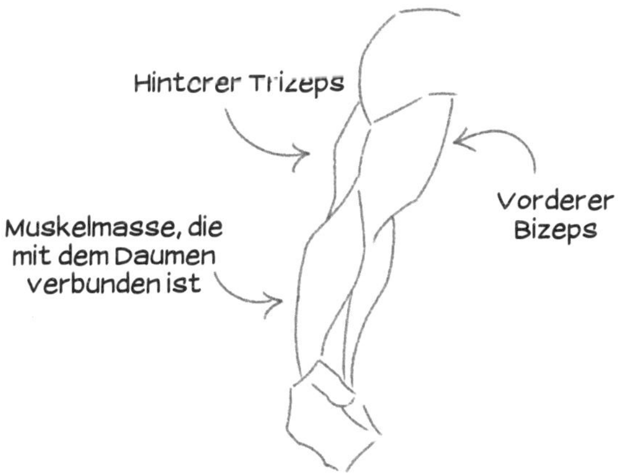

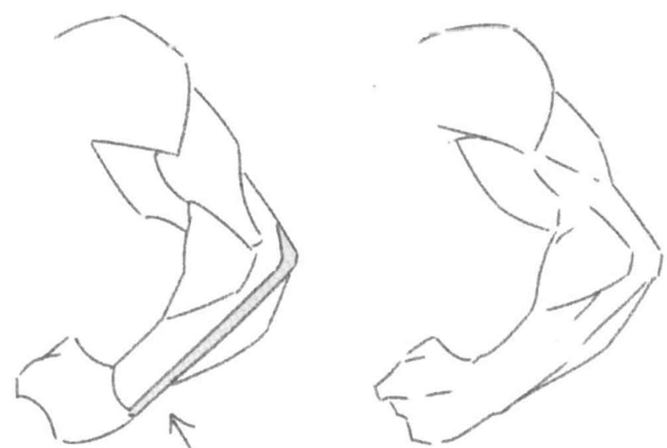

Der Ellenbogen ist über einen Knochen mit dem kleinen Finger der Hand verbunden, ein nützlicher Anhaltspunkt für die Zeichnung.

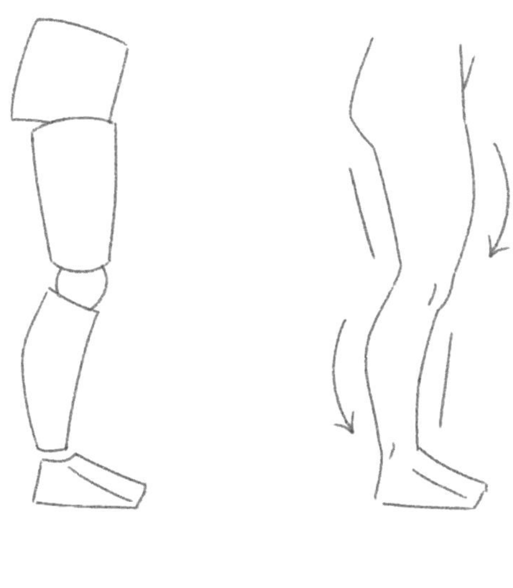

Das Bein zeigt im Profil eine klar erkennbare Kraftlinie.

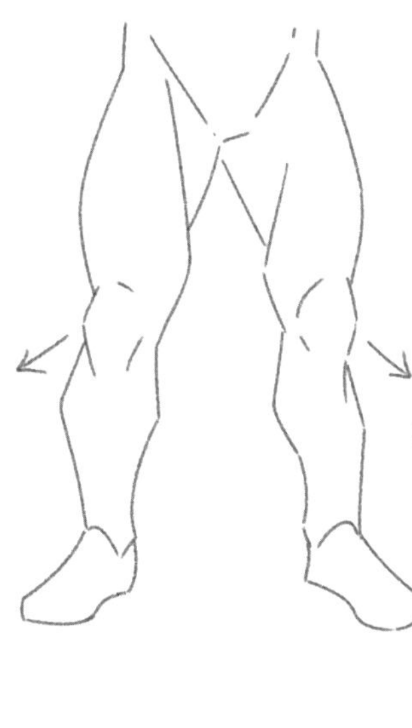

Die Kniespitzen zeigen in der Regel in die gleiche Richtung wie die Füße.

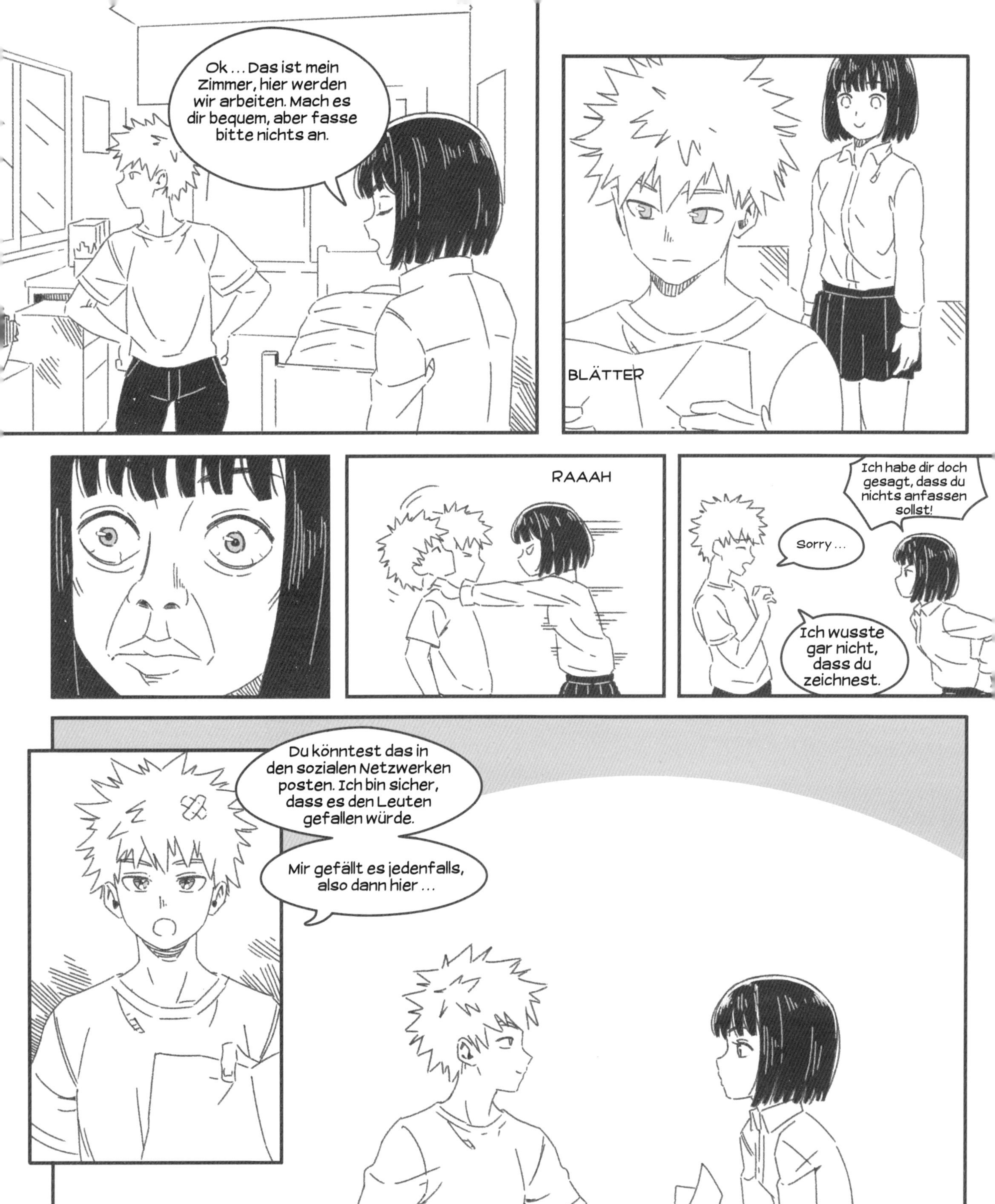
Ok … Das ist mein Zimmer, hier werden wir arbeiten. Mach es dir bequem, aber fasse bitte nichts an.
BLÄTTER
RAAAH
Ich habe dir doch gesagt, dass du nichts anfassen sollst!
Sorry …
Ich wusste gar nicht, dass du zeichnest.
Du könntest das in den sozialen Netzwerken posten. Ich bin sicher, dass es den Leuten gefallen würde.
Mir gefällt es jedenfalls, also dann hier …

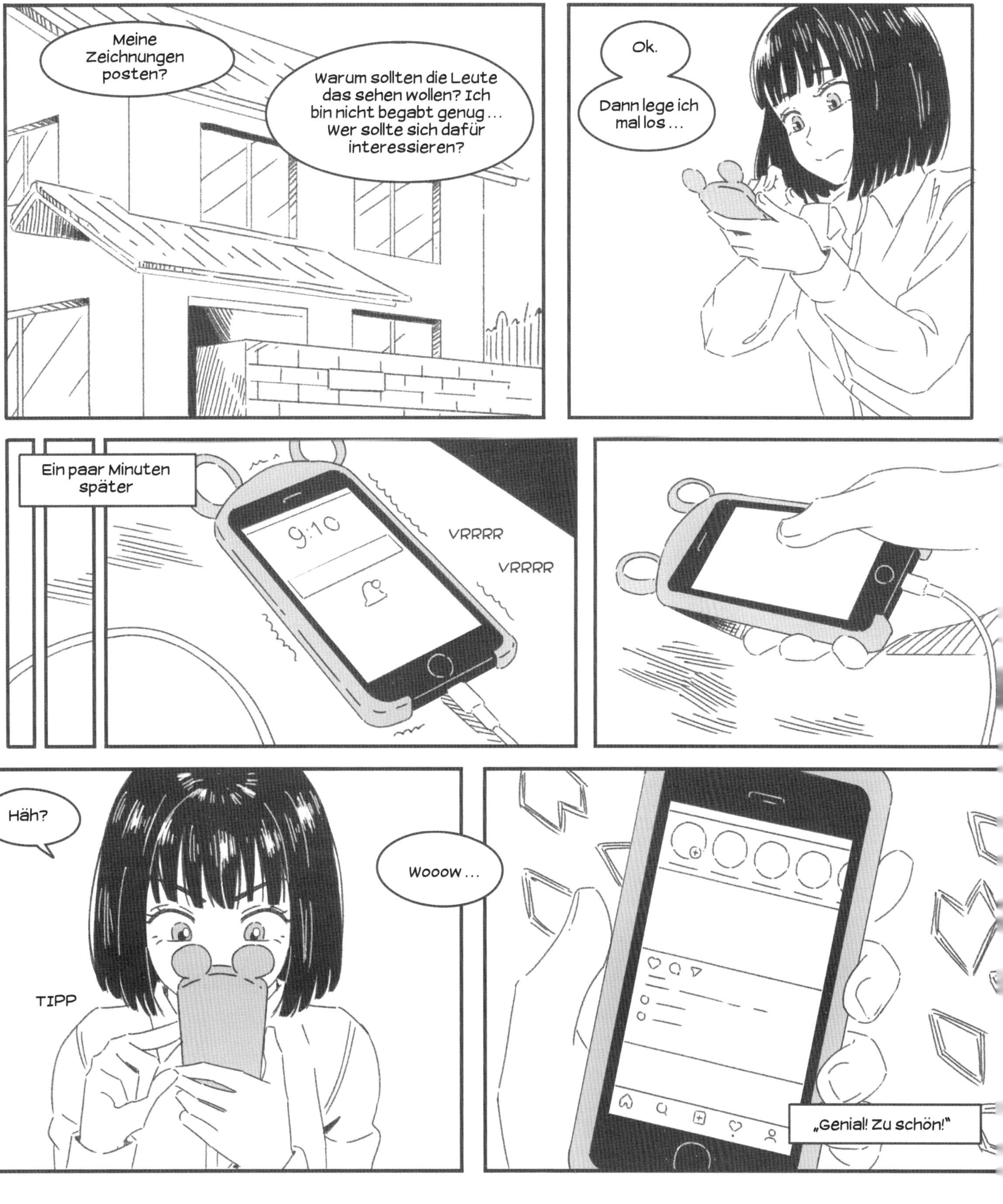
Meine Zeichnungen posten?
Warum sollten die Leute das sehen wollen? Ich bin nicht begabt genug … Wer sollte sich dafür interessieren?
Ok.
Dann lege ich mal los …
Ein paar Minuten später
9:10
VRRRR
VRRRR
Häh?
TIPP
Wooow …
„Genial! Zu schön!"

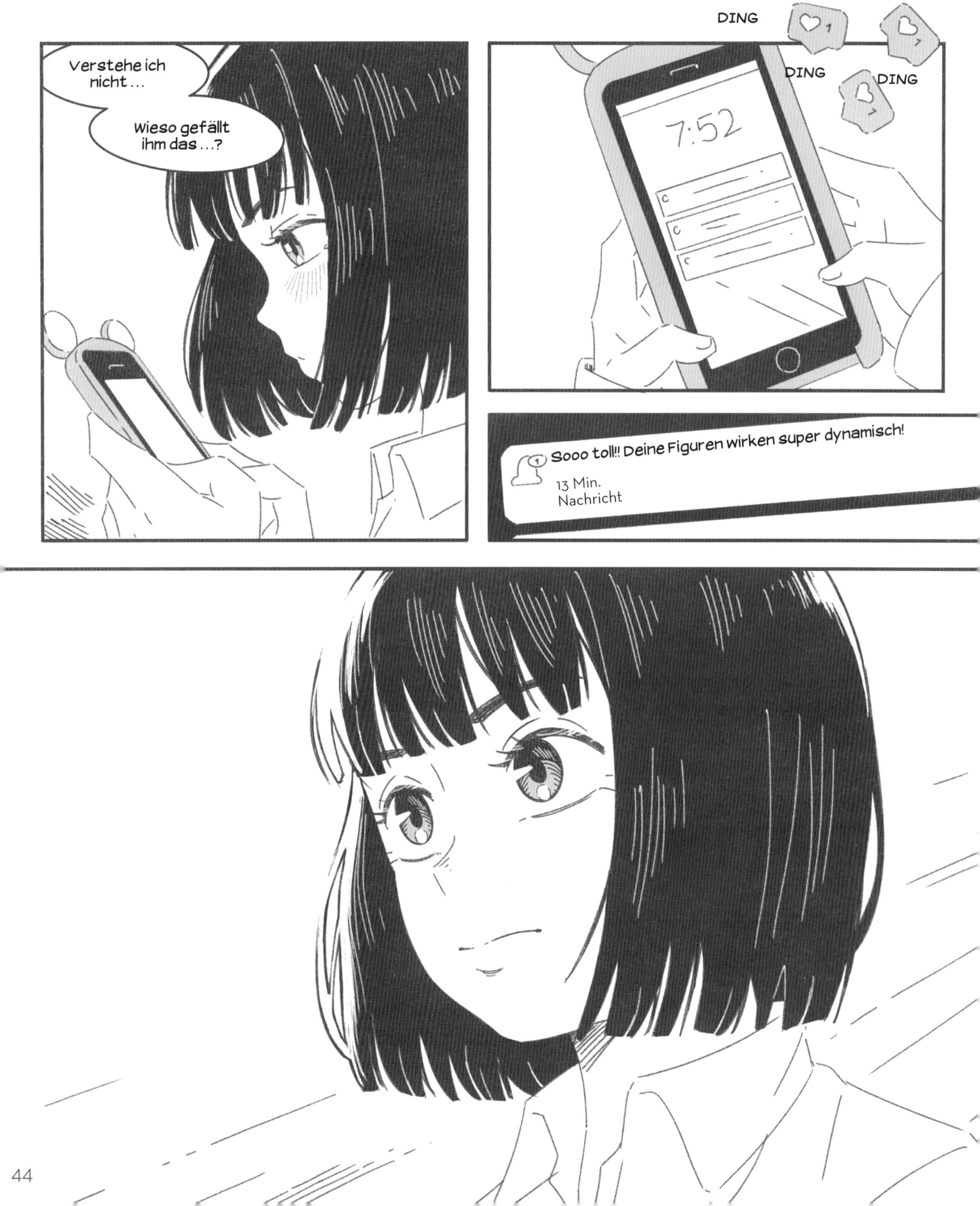
Versteht ich nicht …
Wieso gefällt ihm das …?
DING
DING
DING
7:52
Sooo toll!! Deine Figuren wirken super dynamisch!
13 Min.
Nachricht

Nicht nur der Gesichtsausdruck spielt eine Rolle, sondern auch die Körperhaltung.

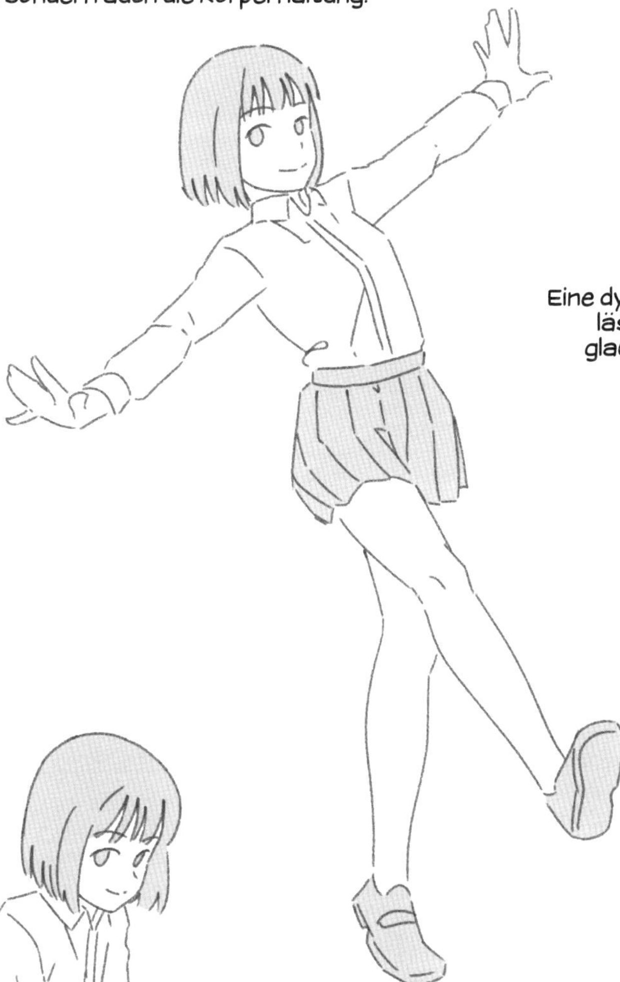

Eine dynamische Körperposition lässt die Figur lebendig, glaubhaft und menschlich erscheinen.

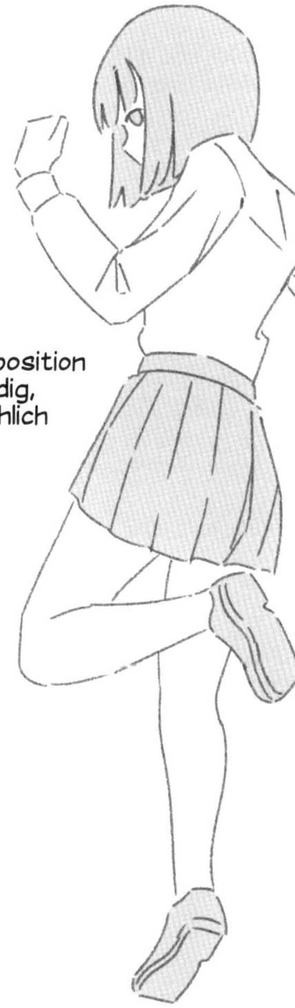

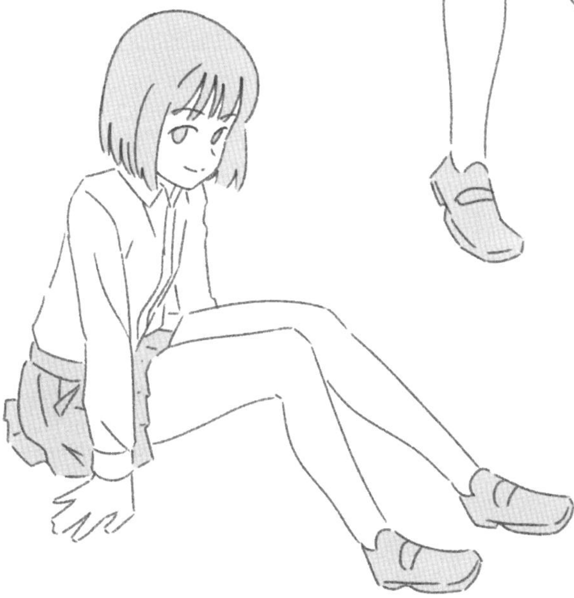

Körperpositionen beschreiben einen Zustand, ein Gefühl, eine Bewegung …

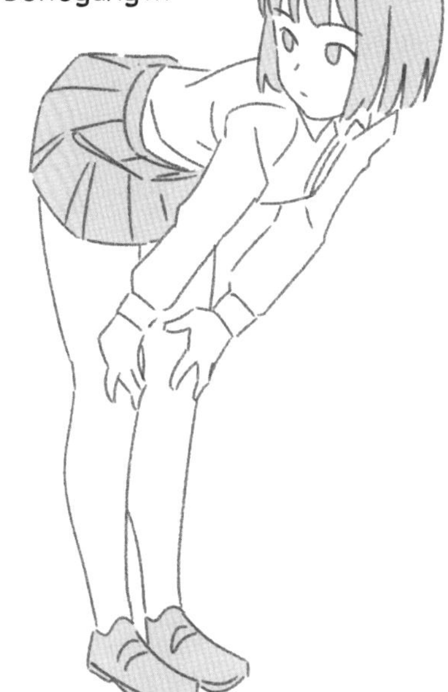

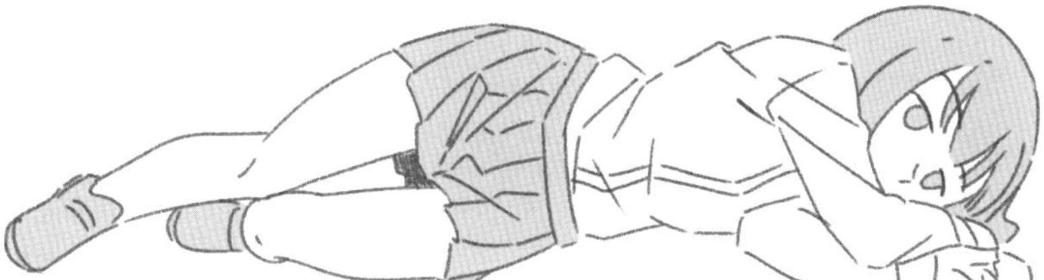

Die Aktionslinie bestimmt die Dynamik der Figur. Es ist eine imaginäre Linie, die s- oder c-förmig durch den Körper verläuft. Sie ist quasi die Wirbelsäule der Pose.

Sie verläuft in der Regel von einem zum anderen Ende der Zeichnung. Sie beschreibt die Bewegung der Figur und lässt die Pose interessanter erscheinen.

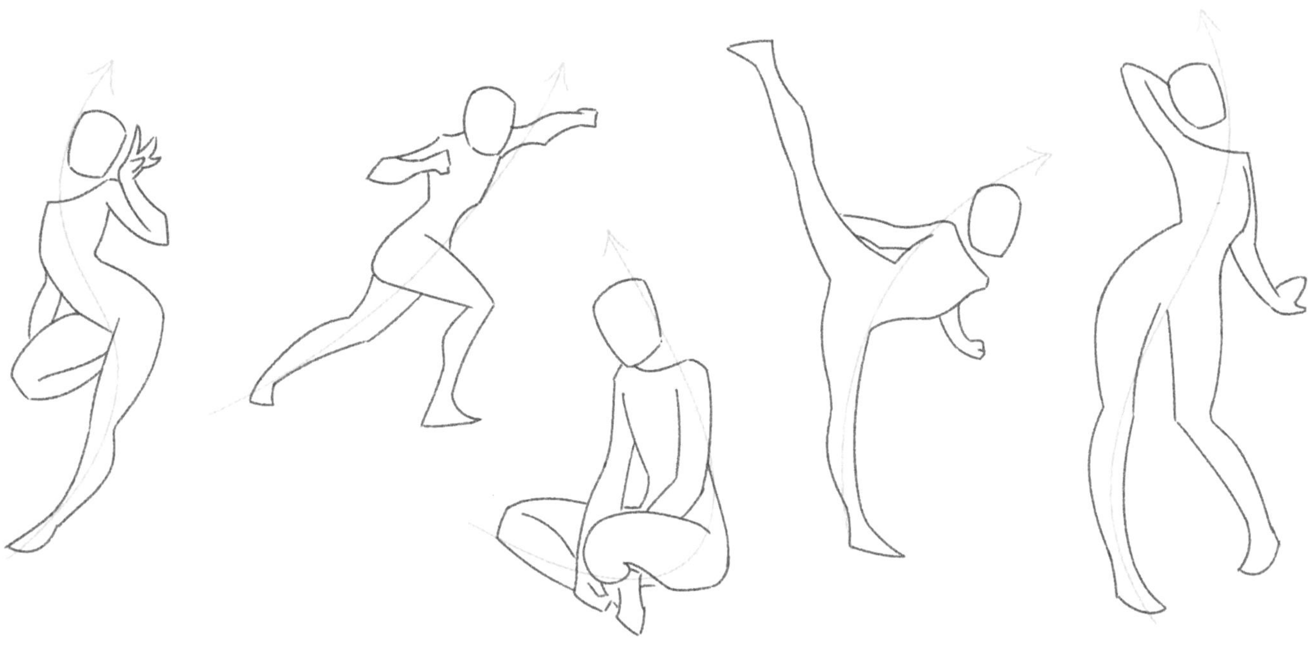

Die Pose zu übertreiben, bedeutet die Aktionslinie zu übertreiben. Die Dynamik der Pose wird dadurch verstärkt.

Außer der zentralen Aktionslinie für den gesamten Körper kann man auch sekundäre Aktionslinien für einzelne Gliedmaßen zeichnen.

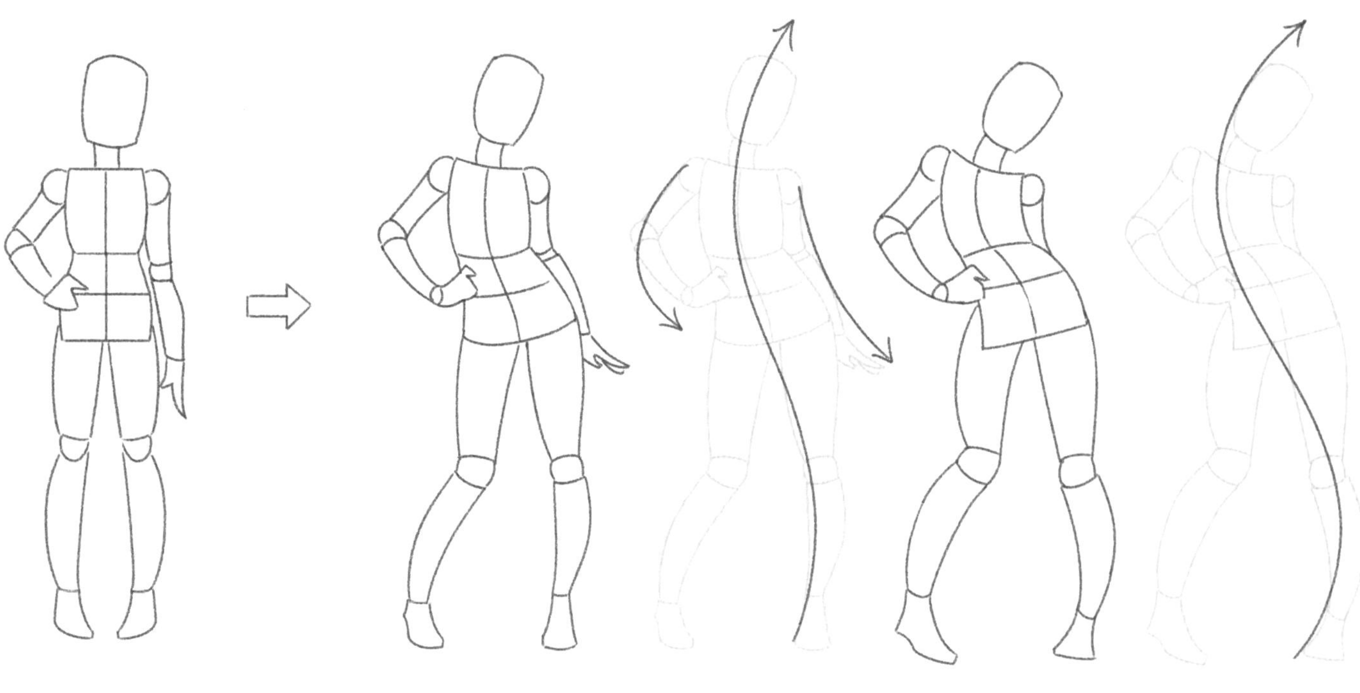

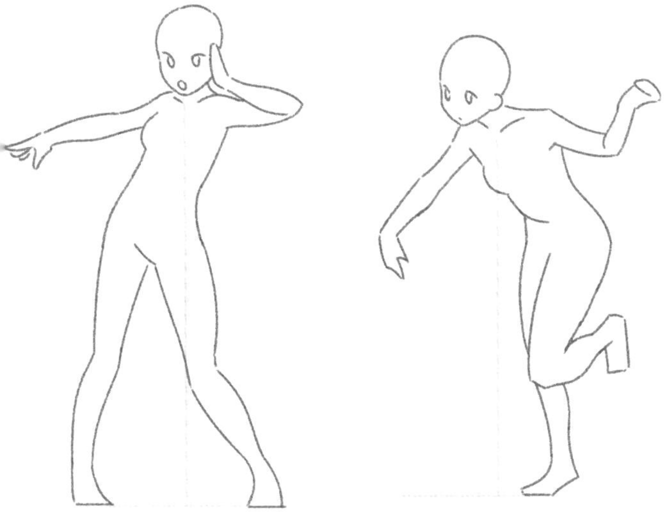

Auch eine dynamische Pose muss sich in einem gewissen Gleichgewicht befinden. Andernfalls könnte es aussehen, als ob der Körper jeden Moment umkippt.

Für den Körperschwerpunkt zeichnet man einfach eine gerade Linie vom Hals bis zum Boden. Damit sich der Körper im Gleichgewicht befindet, müssen die Füße links und rechts dieser Linie platziert werden.

Ist ein Bein angewinkelt, ruht das ganze Gewicht des Körpers auf nur einem Fuß. Um das Gleichgewicht zu halten, muss sich der Fuß des Standbeins auf Höhe des Körperschwerpunkts befinden.

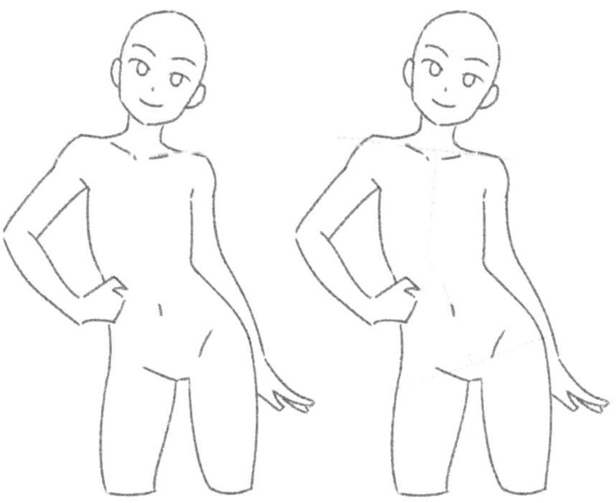

Selbst eine einfache und aktionsfreie Pose folgt einem gewissen Rhythmus. Das ist wichtig, damit die Figur nicht wie ein seelenloser Hampelmann aussieht, sondern natürlich erscheint.

Der menschliche Körper verändert ständig seine Position, um im Gleichgewicht zu bleiben.

In dieser Pose ist eine Seite des Körpers gekrümmt und die andere gedehnt.

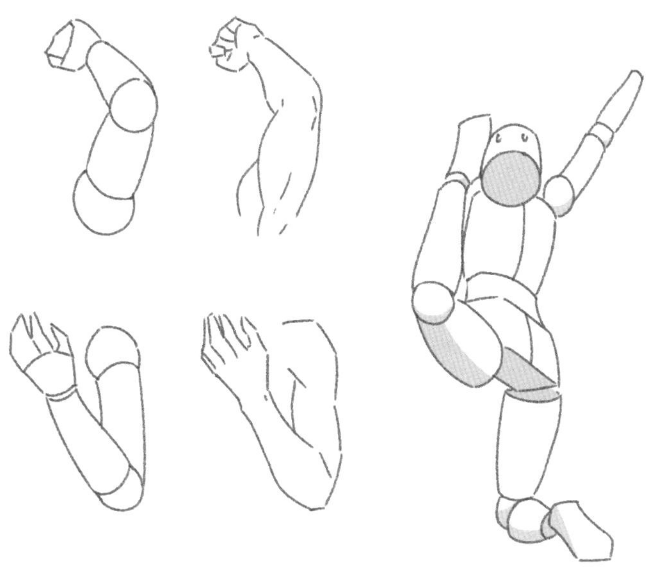

Bei einer dynamischen Pose kann es vorkommen, dass bestimmte Körperteile sich von uns entfernen oder auf uns zukommen. Um der Pose Tiefe zu verleihen, wendest du das Prinzip der Vereinfachung an!

Du hast bereits gelernt, wie man einen Körper mit Hilfe geometrischer Formen, darunter Vierecke und Zylinder, vereinfacht darstellt. Es genügt, diese Formen perspektivisch zu zeichnen, um eine Illusion von räumlicher Tiefe zu erzeugen.

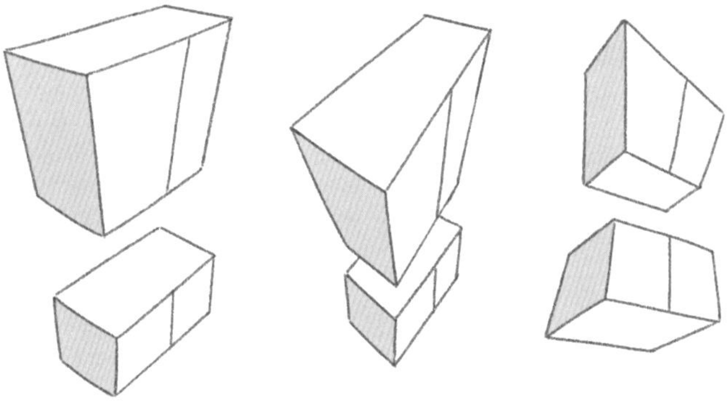

Aus der Vogel- und Froschperspektive sind die vereinfachten Bestandteile des Körpers besonders gut zu sehen.

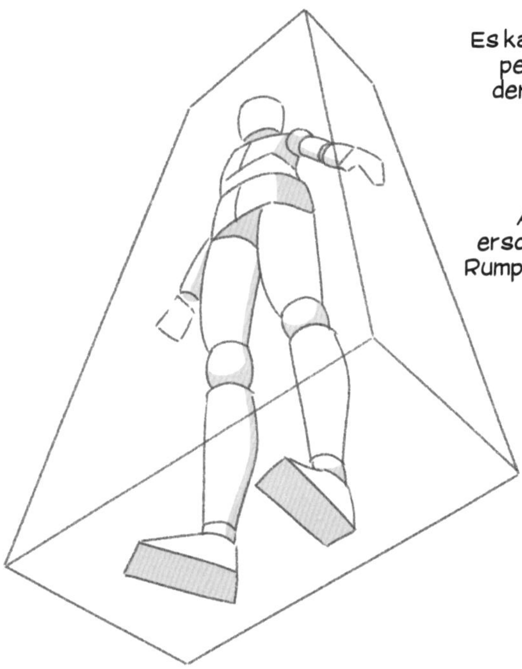

Es kann helfen, zuerst ein Rechteck perspektivisch zu zeichnen, um den Körper dort anschließend zu platzieren.

Aus der Froschperspektive erscheinen die Beine größer als der Rumpf, obwohl beide die gleiche Größe haben.

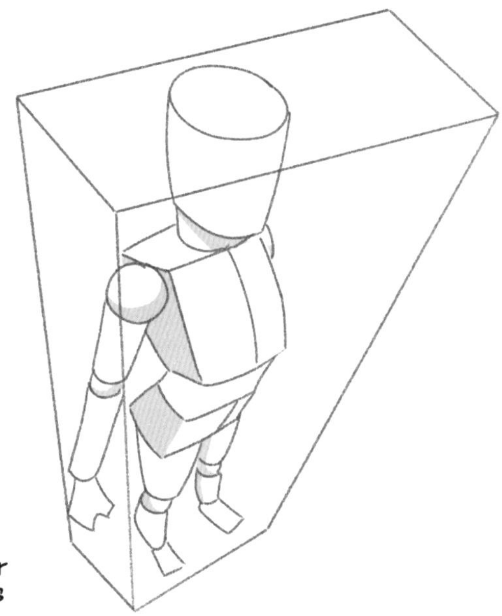

Aus der Vogelperspektive ist es genau umgekehrt. Der Rumpf erscheint größer als die Beine.

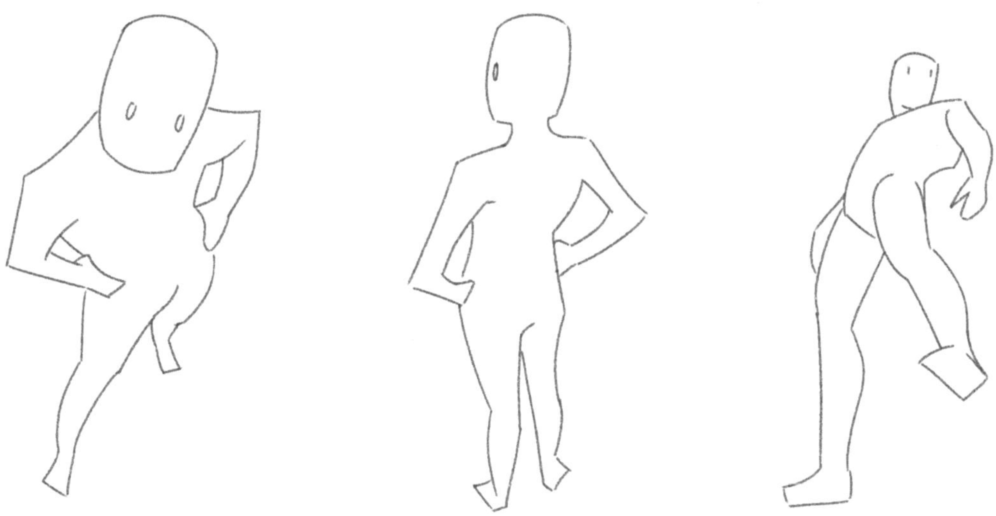

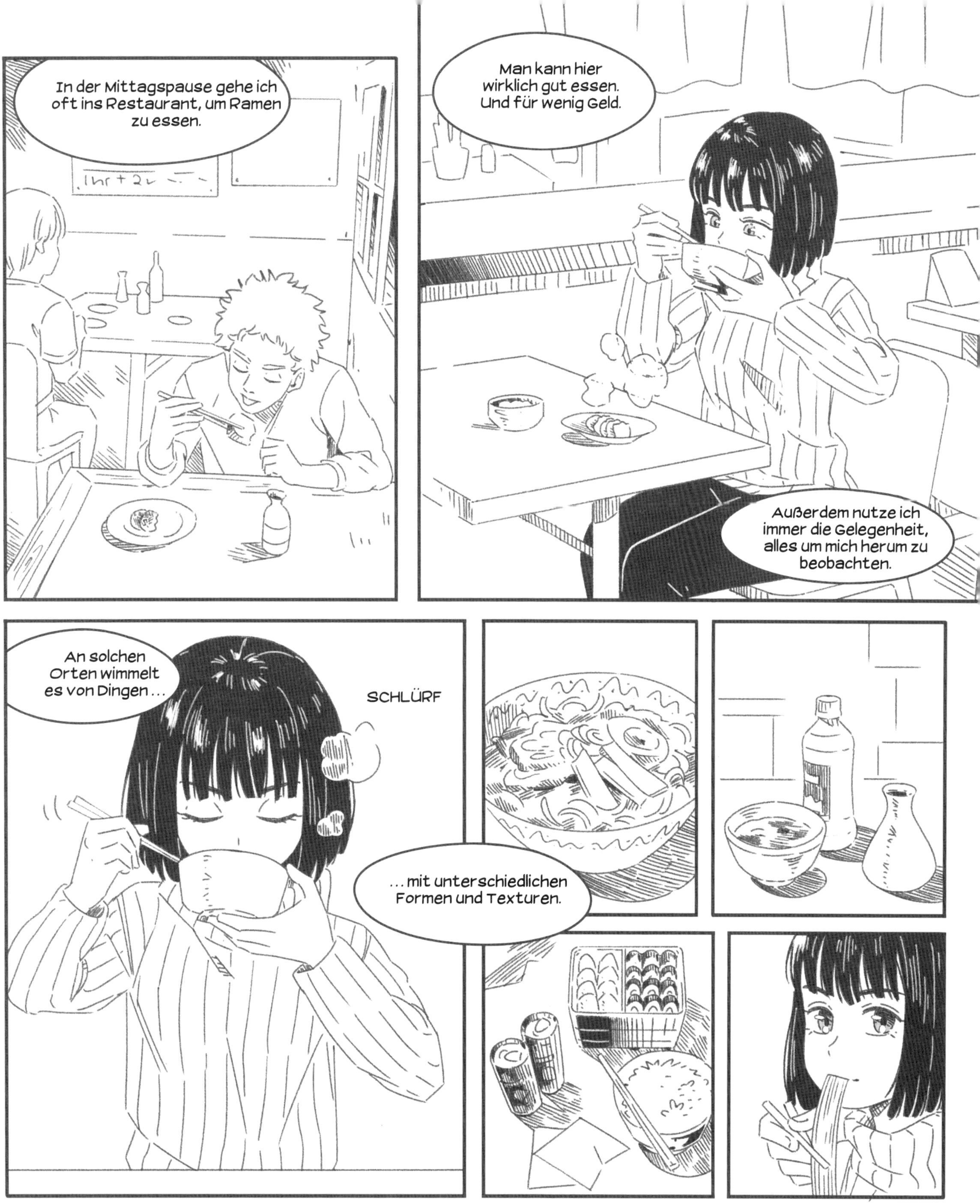
In der Mittagspause gehe ich oft ins Restaurant, um Ramen zu essen.
Man kann hier wirklich gut essen. Und für wenig Geld.
Außerdem nutze ich immer die Gelegenheit, alles um mich herum zu beobachten.
An solchen Orten wimmelt es von Dingen ...
SCHLÜRF
... mit unterschiedlichen Formen und Texturen.

Um ein glaubhaftes Universum zu schaffen, reicht es nicht aus, nur Figuren zu zeichnen.

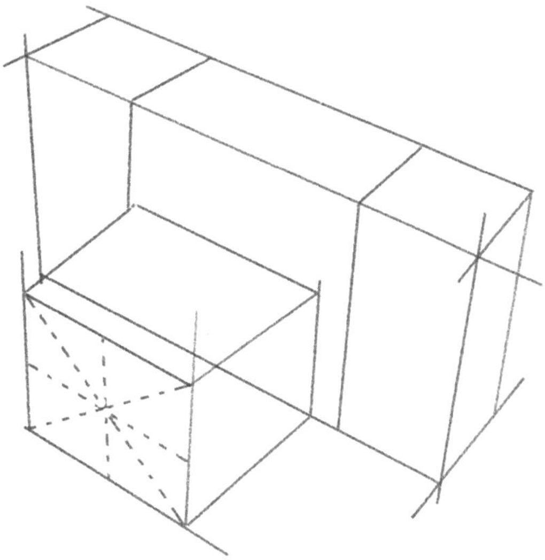

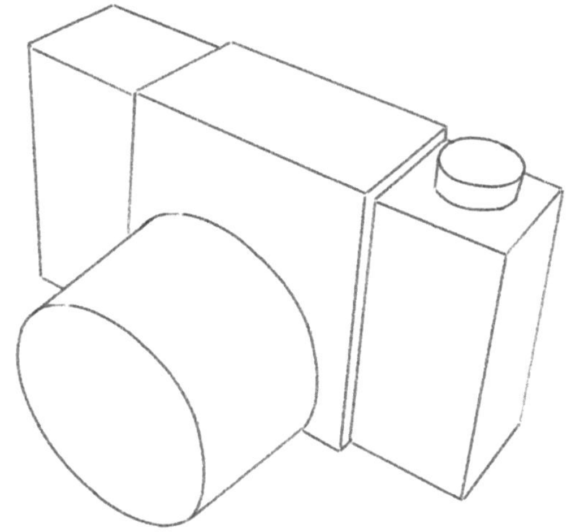

Weil wir ständig mit unserer Umgebung und den Dingen um uns herum interagieren, ist es wichtig, auch unbelebte Objekte zeichnen zu können.

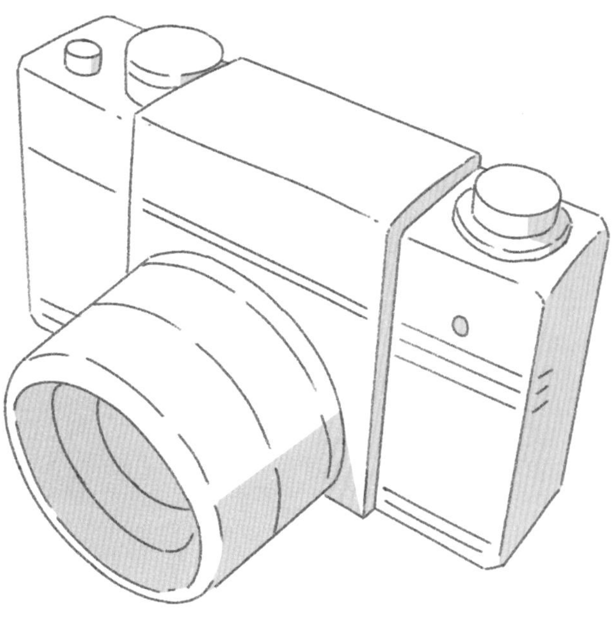

Glücklicherweise müssen wir aber nicht lernen, wie man jedes einzelne Objekt perfekt zeichnet.

Wenn du im perspektivischen Zeichnen sicher bist, wird dir die Aufgabe wesentlich leichter fallen.

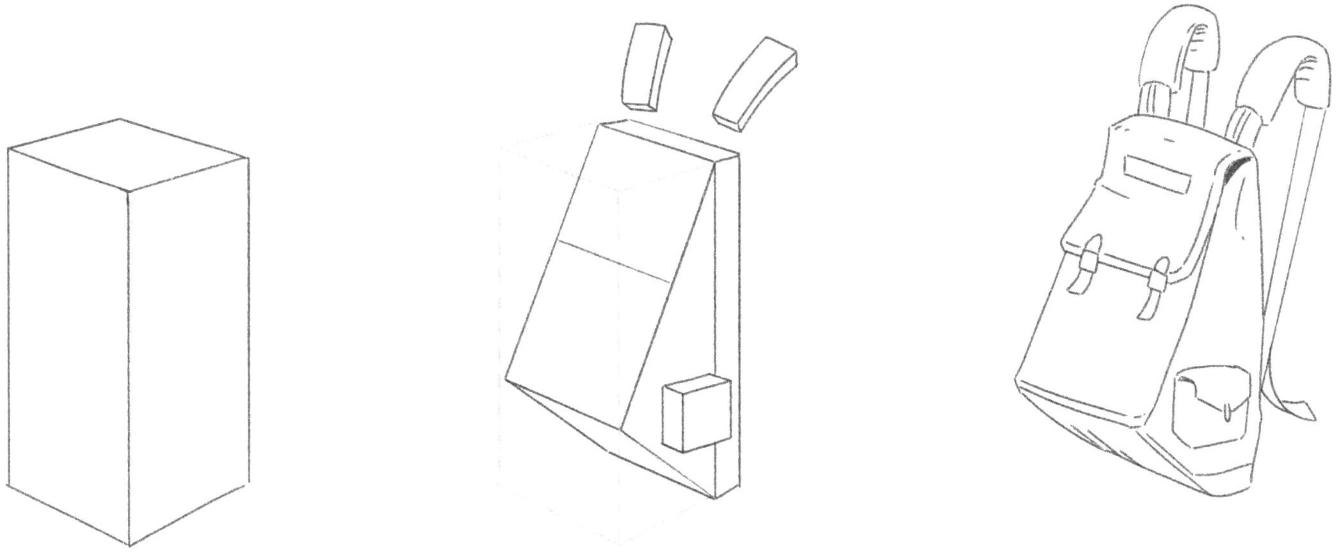

Für das Zeichnen von Objekten gilt dasselbe wie für alles andere:
Beginne mit einfachen Formen und ergänze anschließend die Details.

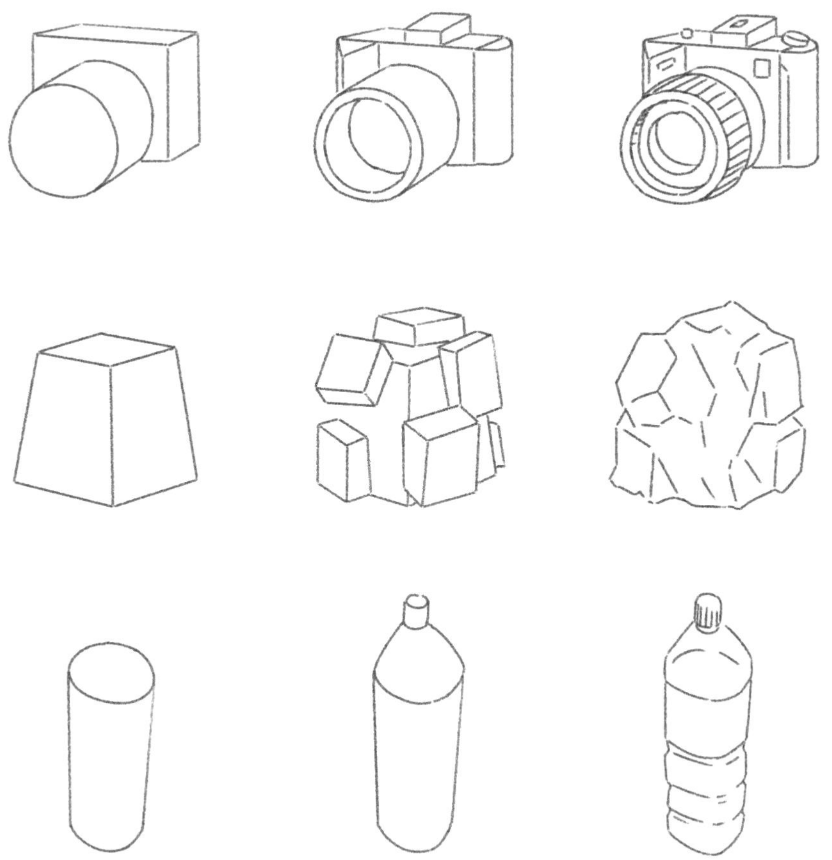

Das ist bei komplexen Objekten sehr hilfreich.

Wende die gleiche Methode für organische Formen an.

Du kannst die Natur eines Objektes ändern,
indem du seine Textur änderst.

Beispiele für Texturen:

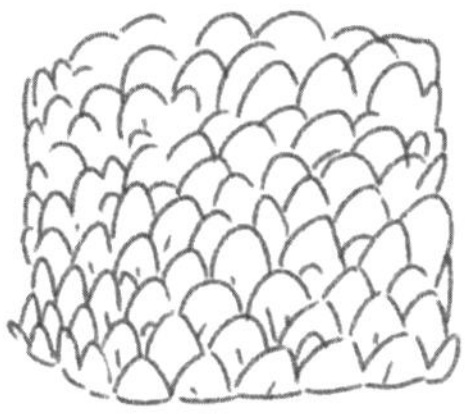

Schuppen

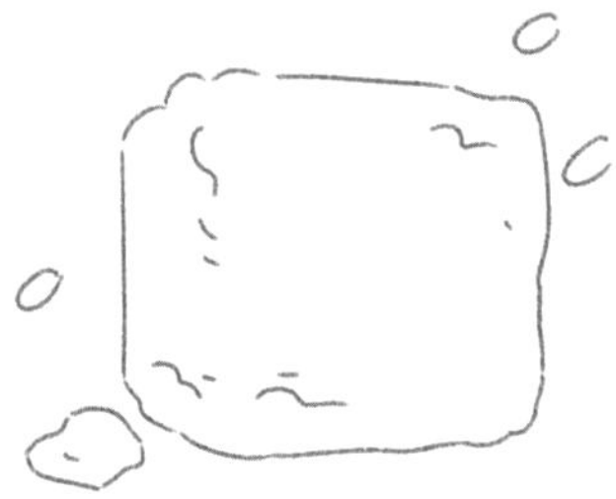

Schnee

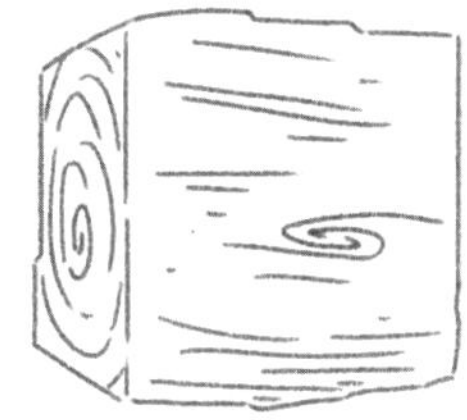

Holz

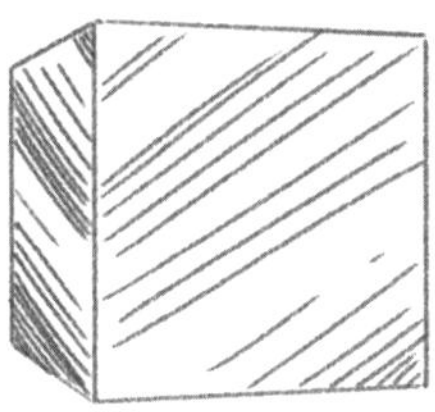

Metall

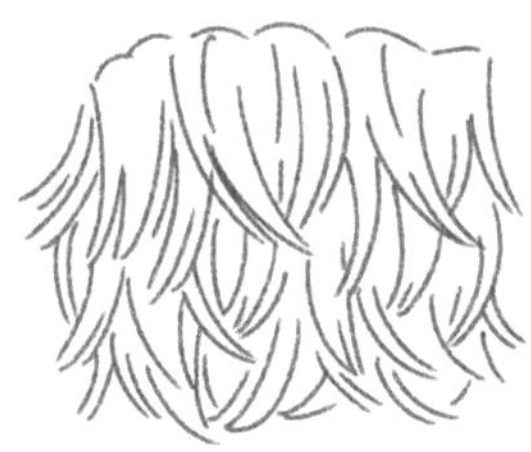

Pelz

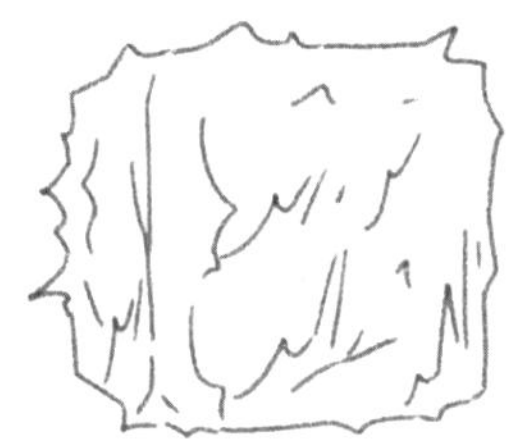

Eis

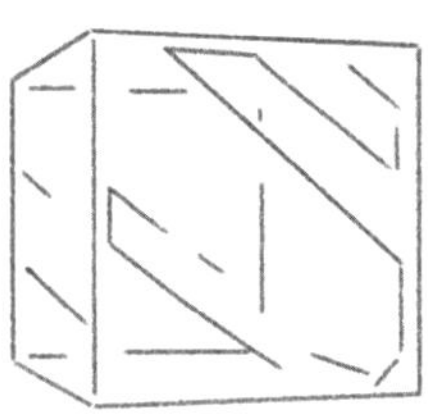

Glas

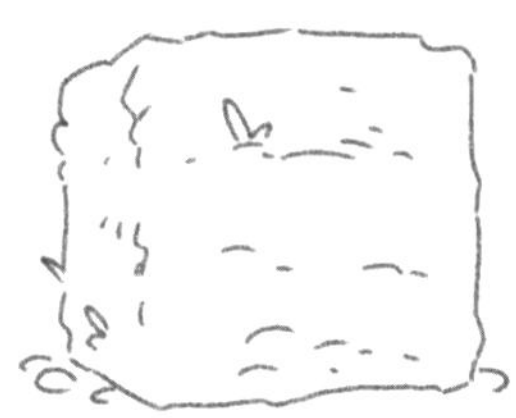

Erde

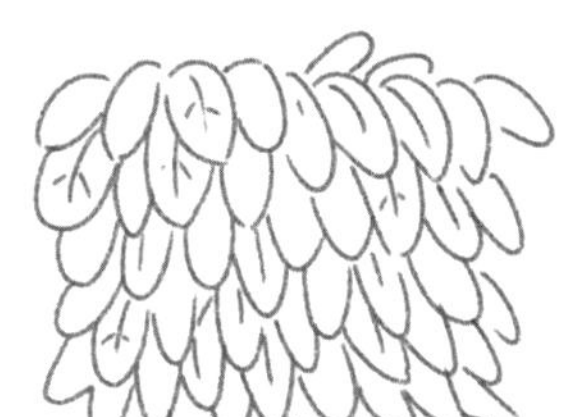

Blätter

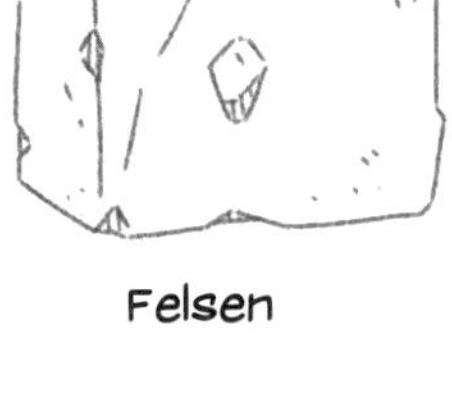

Felsen

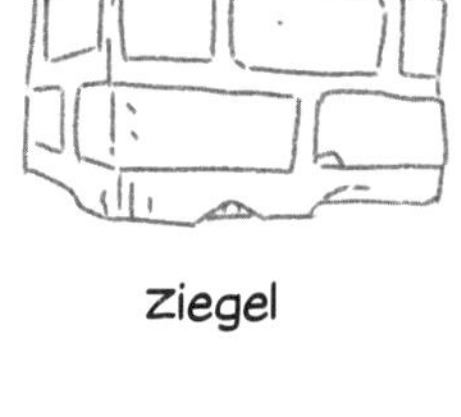

Ziegel

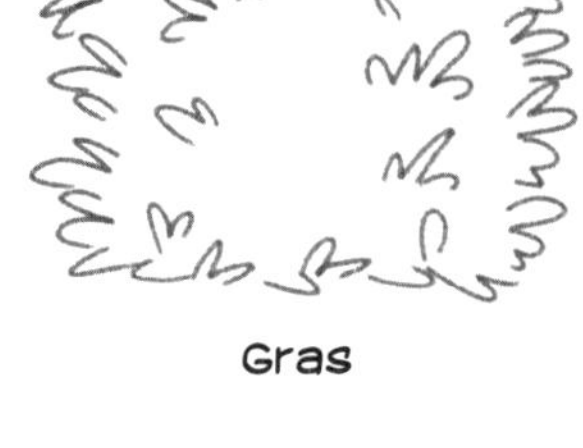

Gras

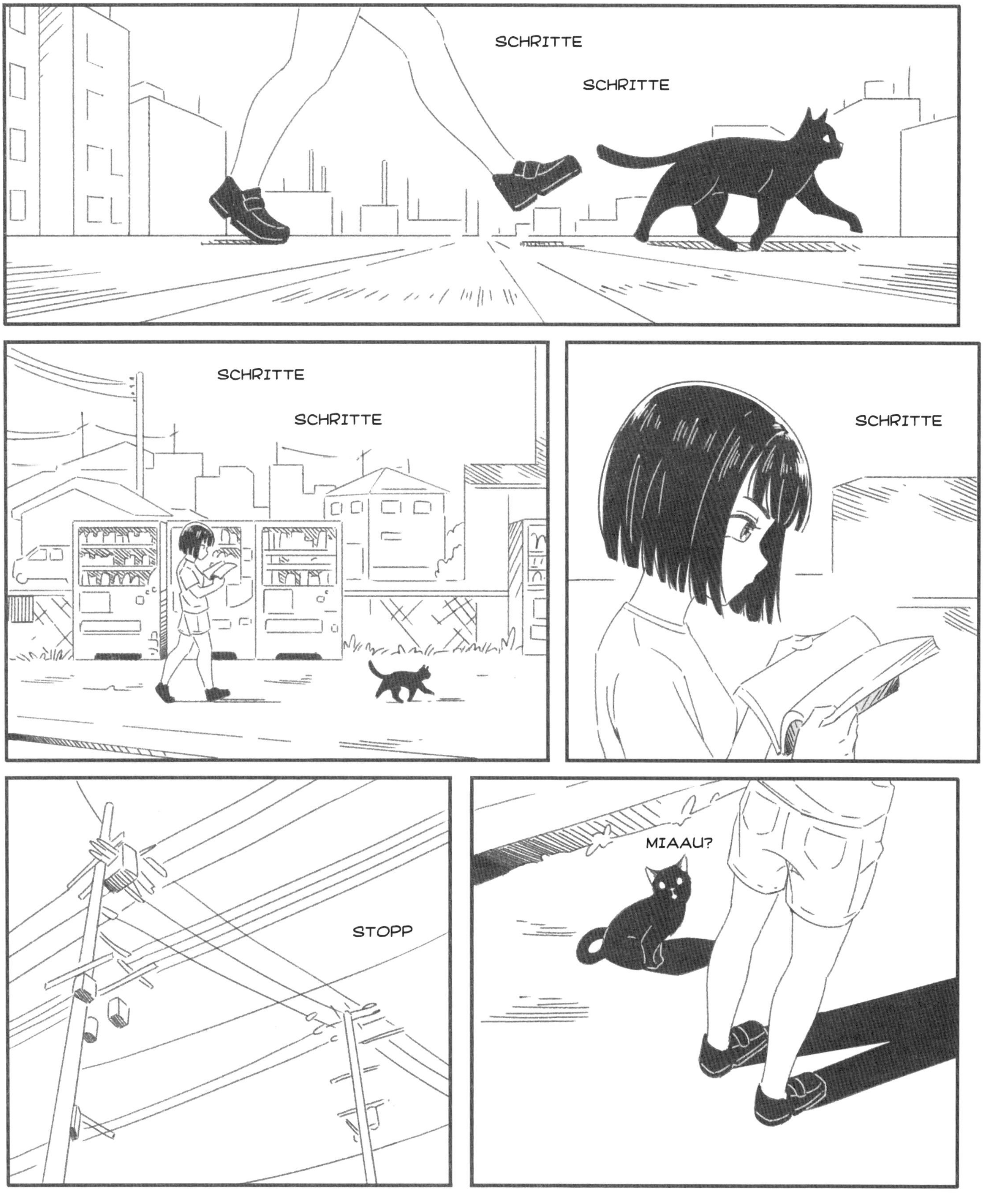
SCHRITTE
SCHRITTE
SCHRITTE
SCHRITTE
SCHRITTE
STOPP
MIAAU?

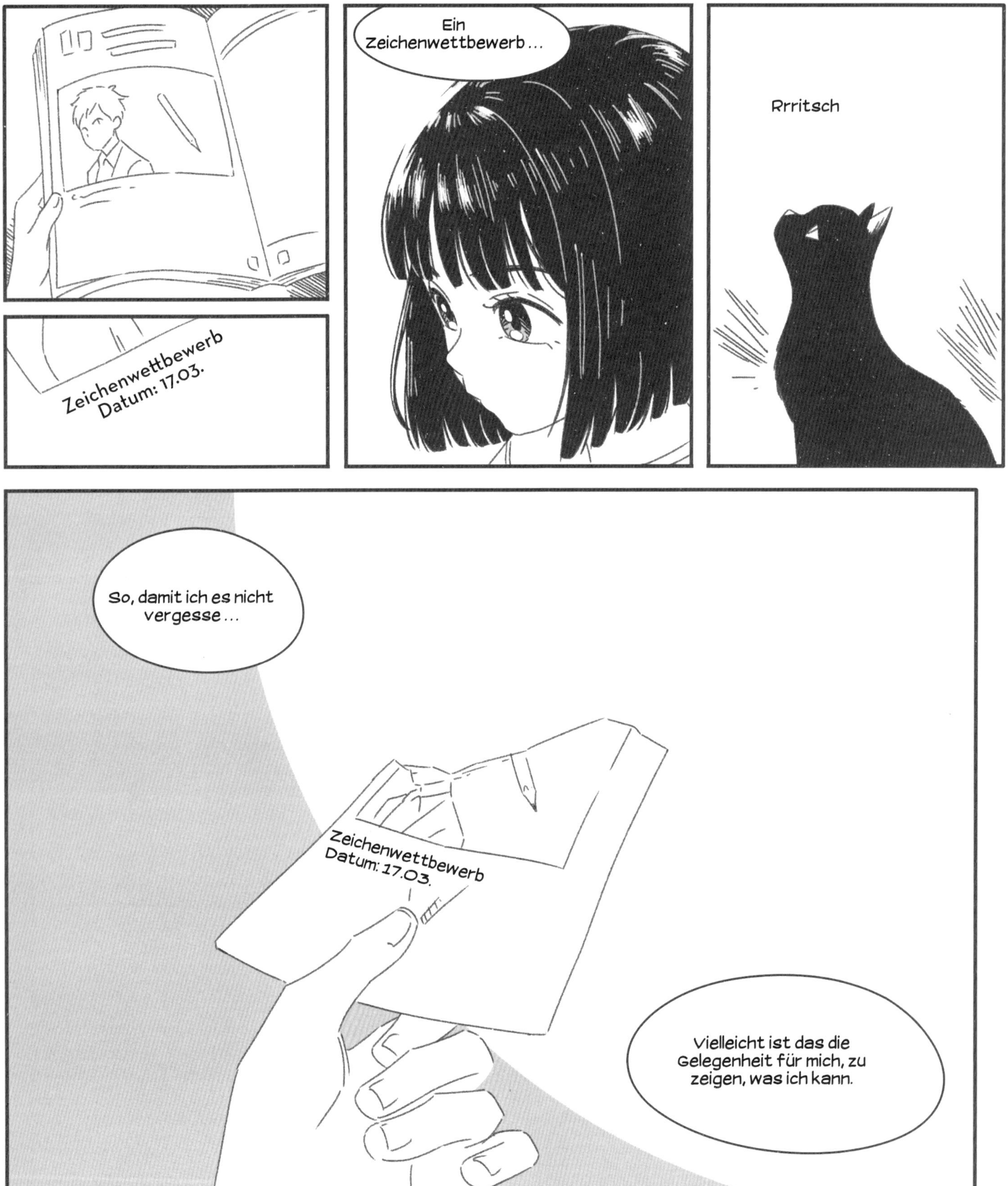

Zeichenwettbewerb
Datum: 17.03.
Ein Zeichenwettbewerb …
Rrritsch
So, damit ich es nicht vergesse …
Zeichenwettbewerb
Datum: 17.03.
Vielleicht ist das die Gelegenheit für mich, zu zeigen, was ich kann.

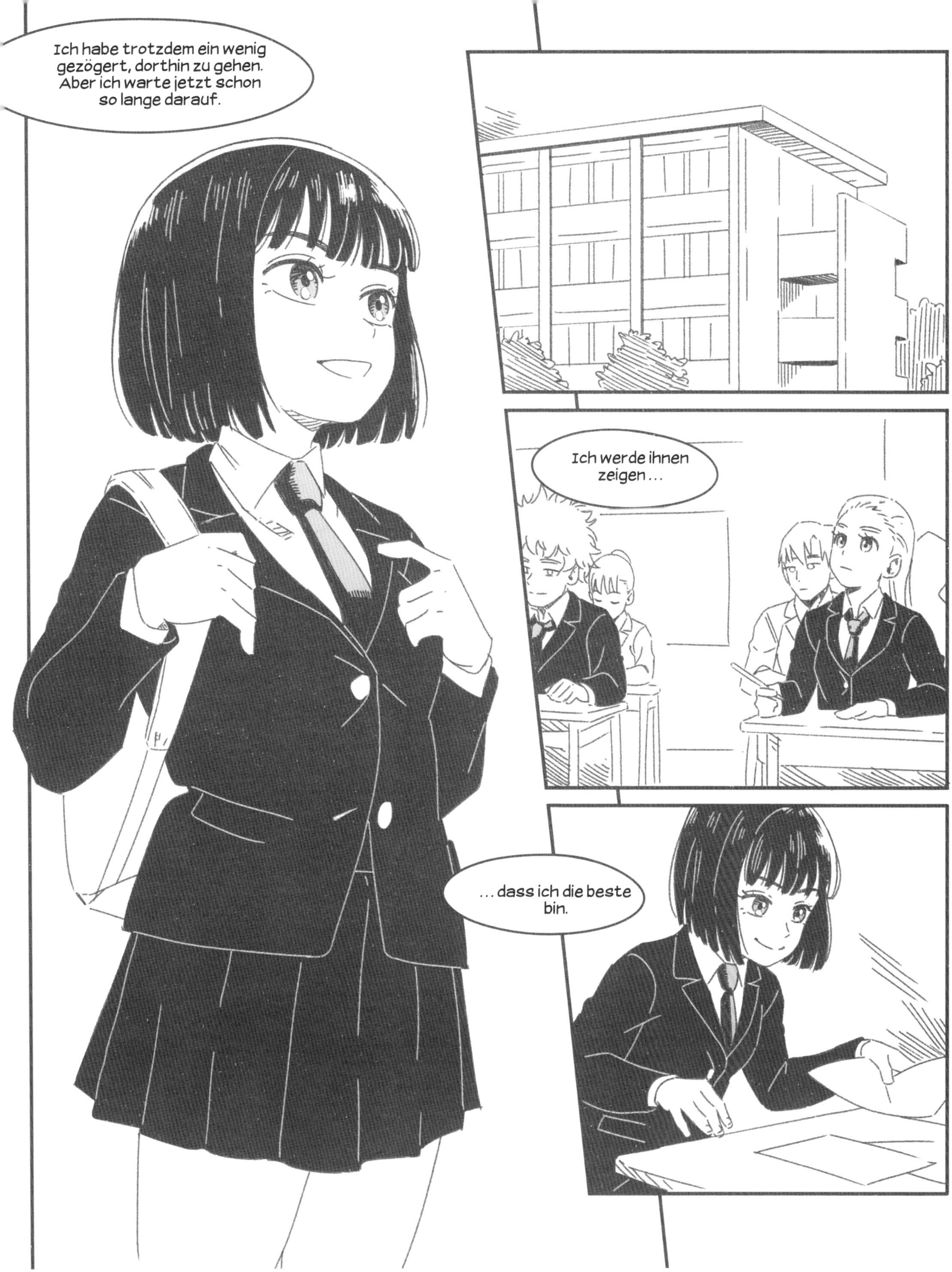
Ich habe trotzdem ein wenig gezögert, dorthin zu gehen. Aber ich warte jetzt schon so lange darauf.
Ich werde ihnen zeigen …
… dass ich die beste bin.

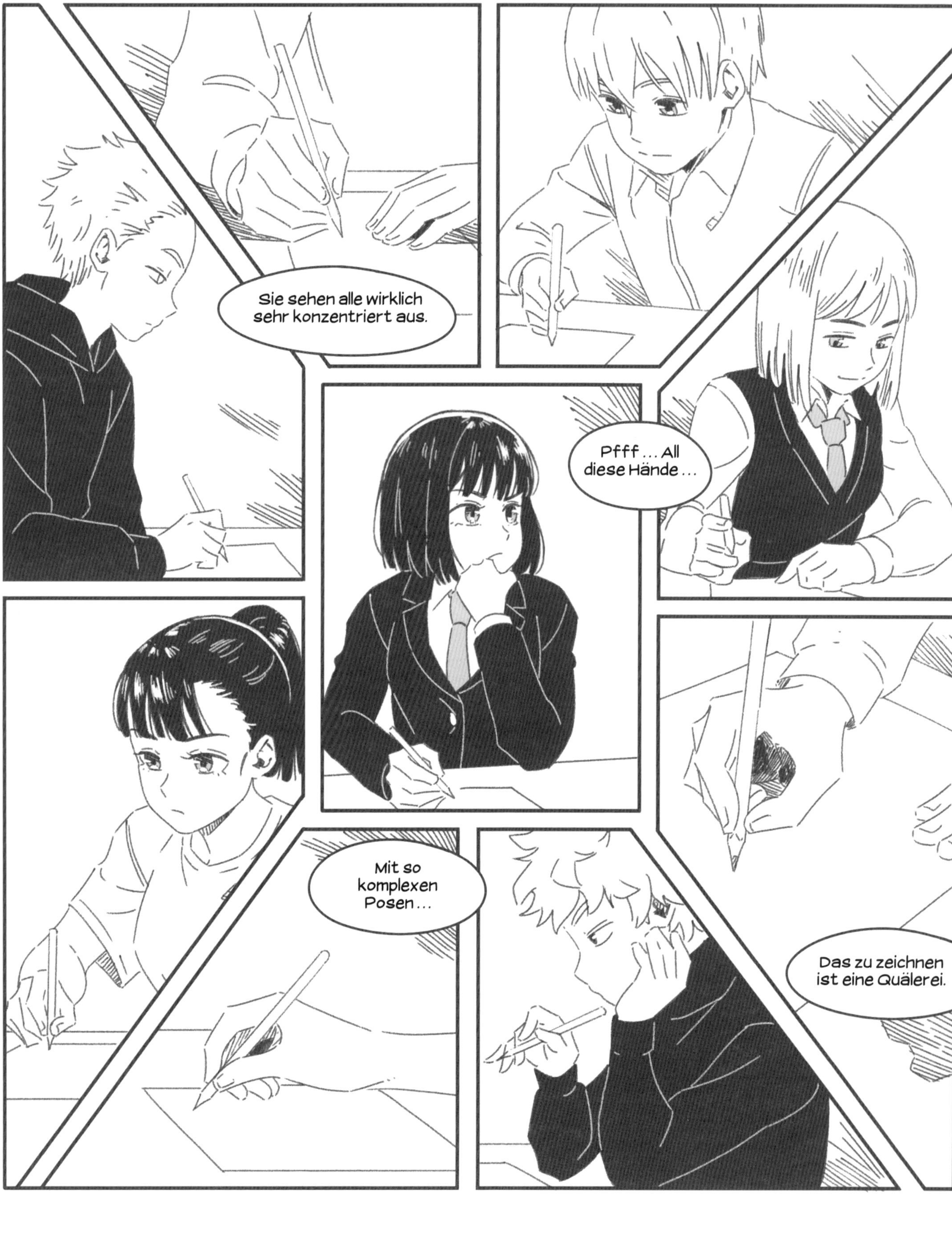
Sie sehen alle wirklich sehr konzentriert aus.
Pfff … All diese Hände …
Mit so komplexen Posen …
Das zu zeichnen ist eine Quälerei.

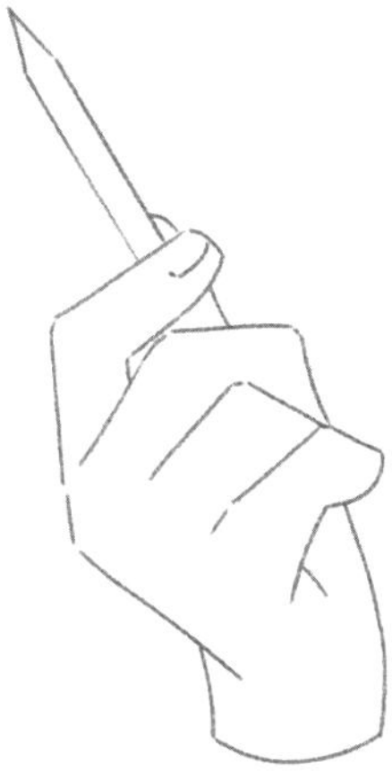

Die Hände sind der Alptraum eines jeden Mangakas.

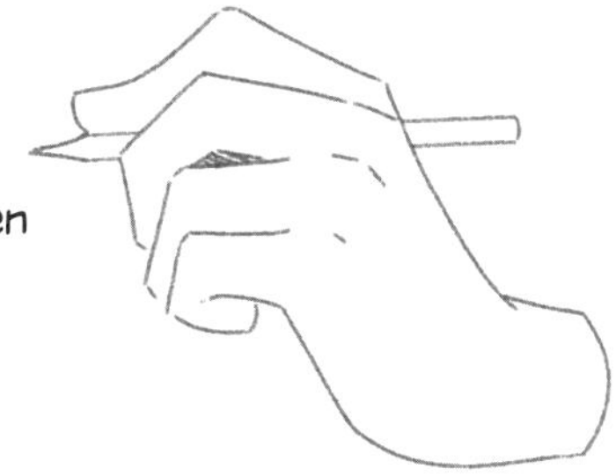

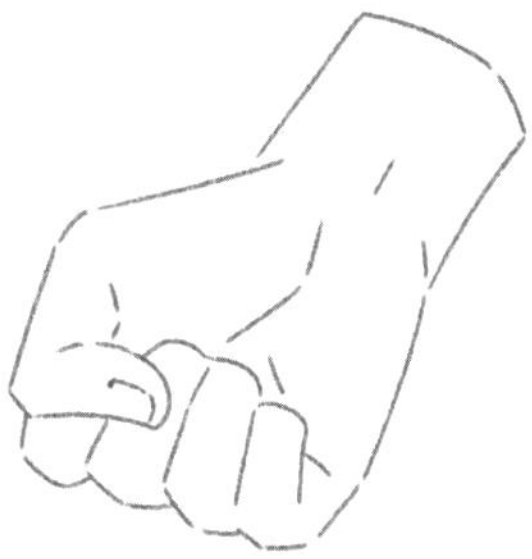

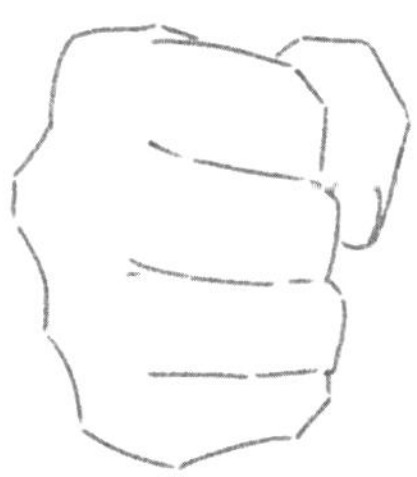

Sie sind schwierig zu zeichnen, wegen ihrer komplexen Form und der vielen möglichen Posen.

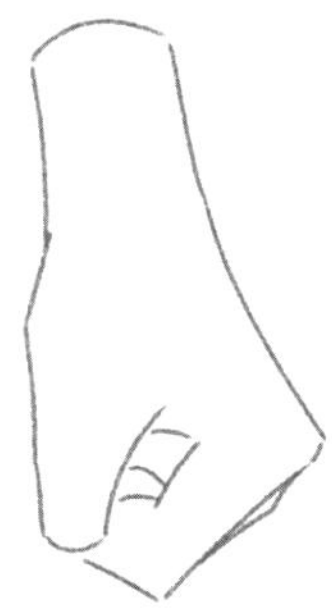

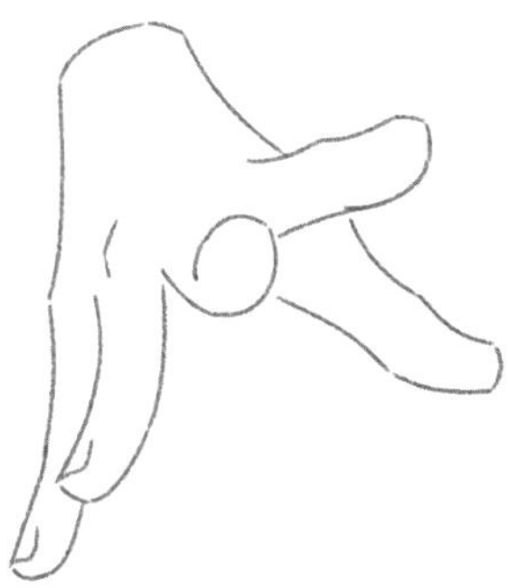

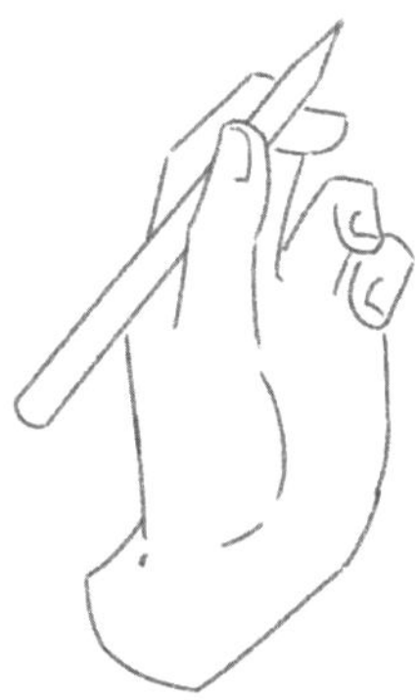

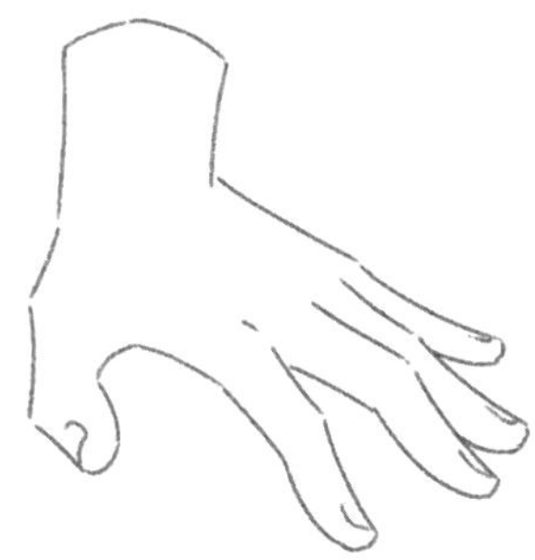

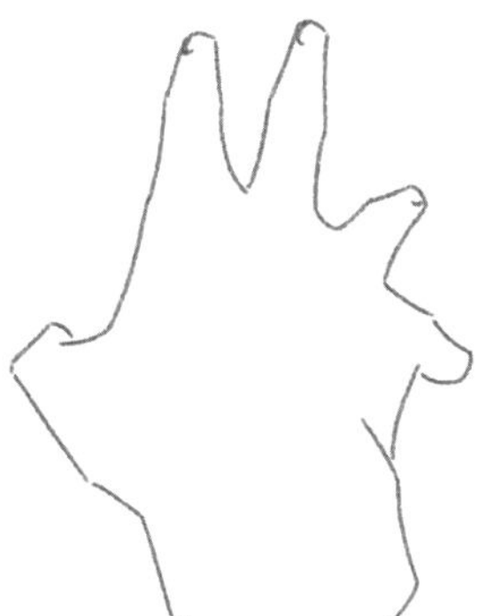

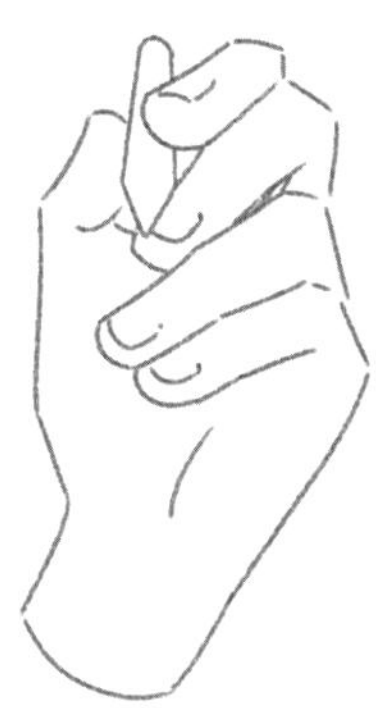

Ein guter Trick ist, die häufigsten Handposen so zu erlernen, dass du sie auswendig zeichnen kannst.

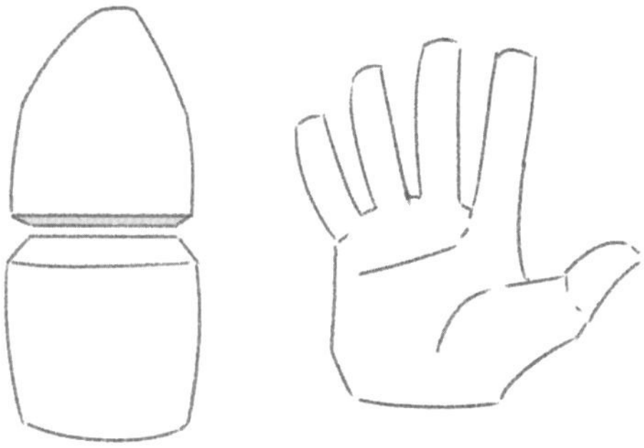

Die Hand besteht aus zwei gleich großen Vierecken, eins für die Handfläche und das andere für die Finger.

Zeichne zuerst die Handfläche in Form eines leicht nach oben gebogenen Vierecks und füge anschließend die Finger hinzu.

Der Daumen erhält eine dreieckige Form und wird mit der Handfläche verbunden.

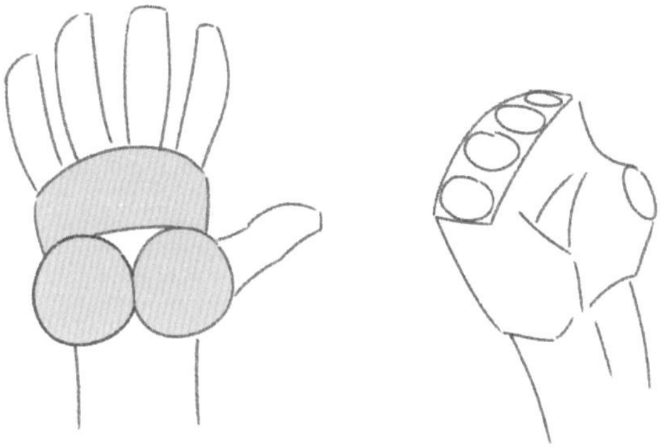

Für eine detailliertere Darstellung kannst du die Handfläche auch in drei rundliche Formen aufteilen, das verleiht ihr Volumen.

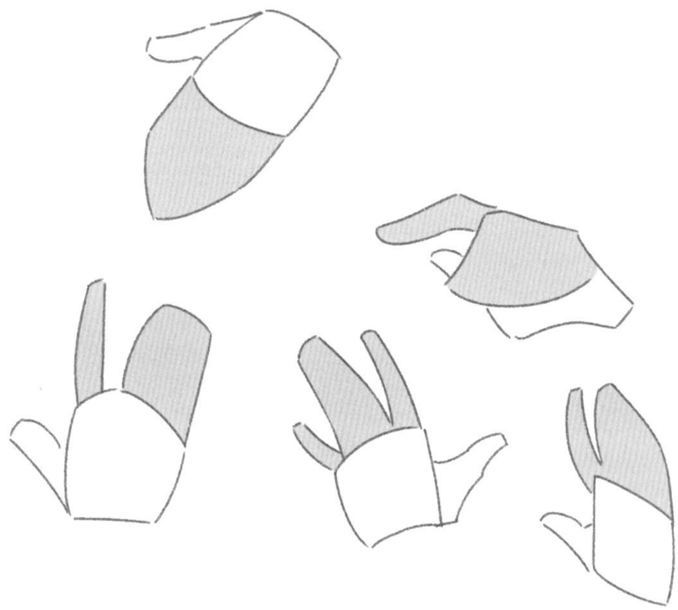

Finger zu zeichnen kann eine komplexe Aufgabe sein. Auch hier die Vereinfachung, wobei die Finger zunächst in einer Grundform, die wie ein Fäustling aussieht, zusammenzugefasst werden.

Du kannst auch nur zwei oder drei Finger gruppieren, dadurch wirkt die Pose natürlicher.

Anschließend zeichnest du jeden Finger einzeln und verwendest dabei die Grundformen als Orientierungshilfe.

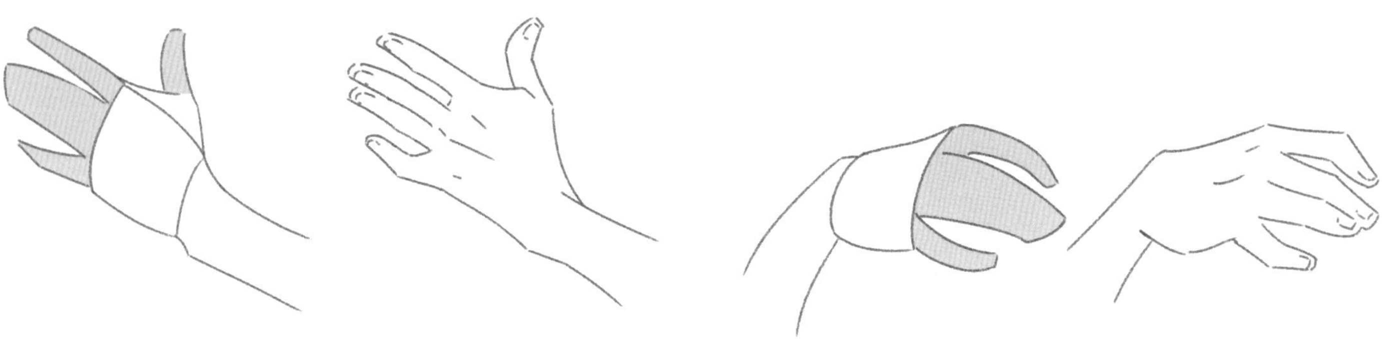

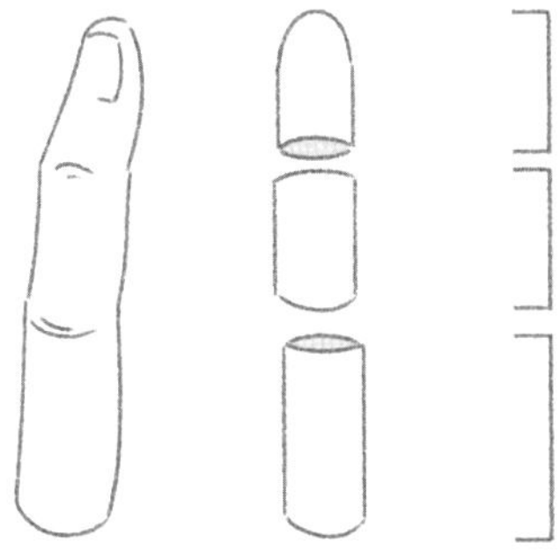

Die Finger bestehen aus drei zylindrischen Formen (Fingerglieder), wobei die unterste Form die größte ist und die beiden anderen, gleichgroßen Elemente etwas kleiner sind.

An der Fingeroberseite sind die Zylinder flach und an der Unterseite abgerundet.

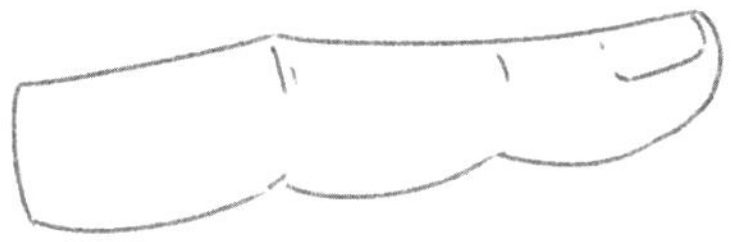

Bei einem gekrümmten Finger bilden die Fingerglieder Falten, die zu einer Erhebung führen.

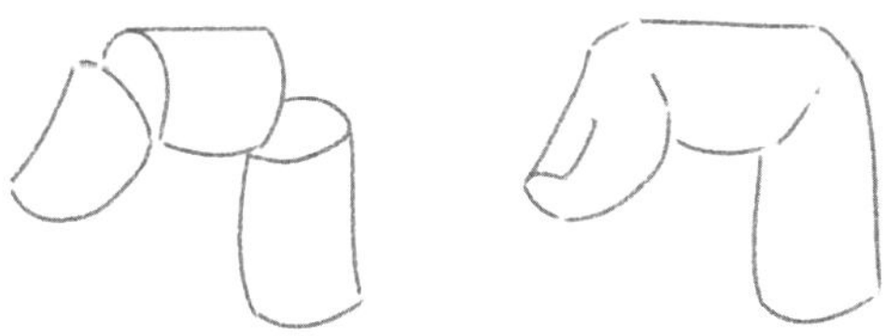

Für eine realistische Darstellung der geschlossenen Faust kann man die geradlinige Anordnung der Fingerglieder durchbrechen und den Zeigefinger ein wenig anheben.

Eine Faust lässt sich leichter zeichnen, wenn man auch hier das Prinzip der Vereinfachung anwendet und dafür die Form eines Rechtecks wählt, ähnlich wie der Fäustling für die Finger, nur diesmal kantiger.

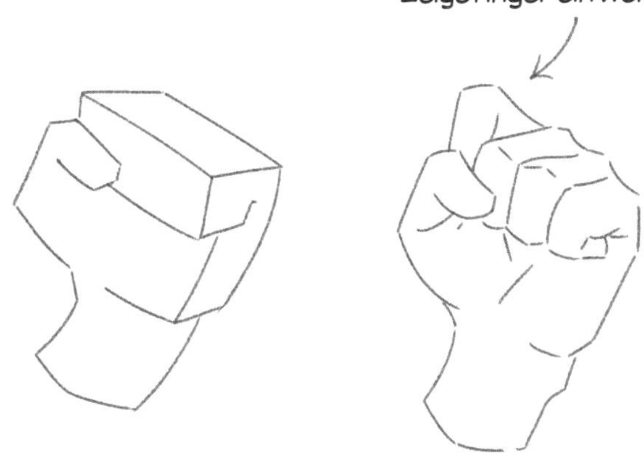

Bei einer geschlossenen Faust treten außerdem die Knöchel wie kleine Hügel hervor.

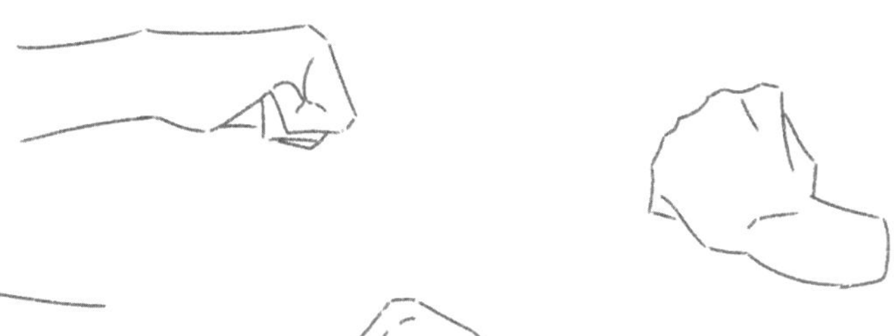

Von der Seite betrachtet bilden die Finger einer zur Faust geschlossenen Hand eine Spirale, die auf der Haut Falten erzeugt.

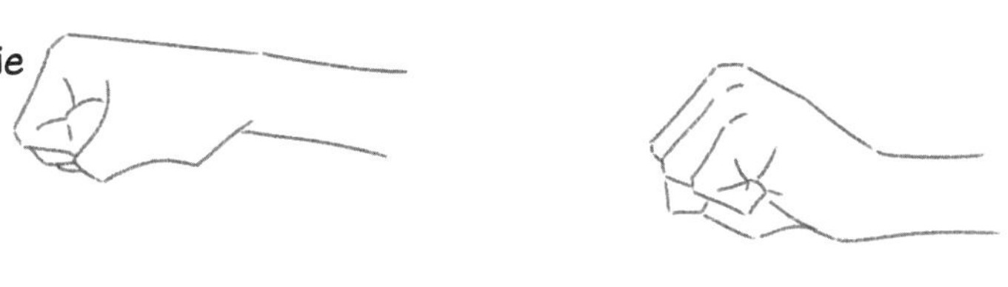

Zeichne nun Hände in verschiedenen Posen. Denke bei den Vereinfachungen daran, dass eine Hand zunächst nichts weiter ist als ein Viereck und mehrere Zylinder.

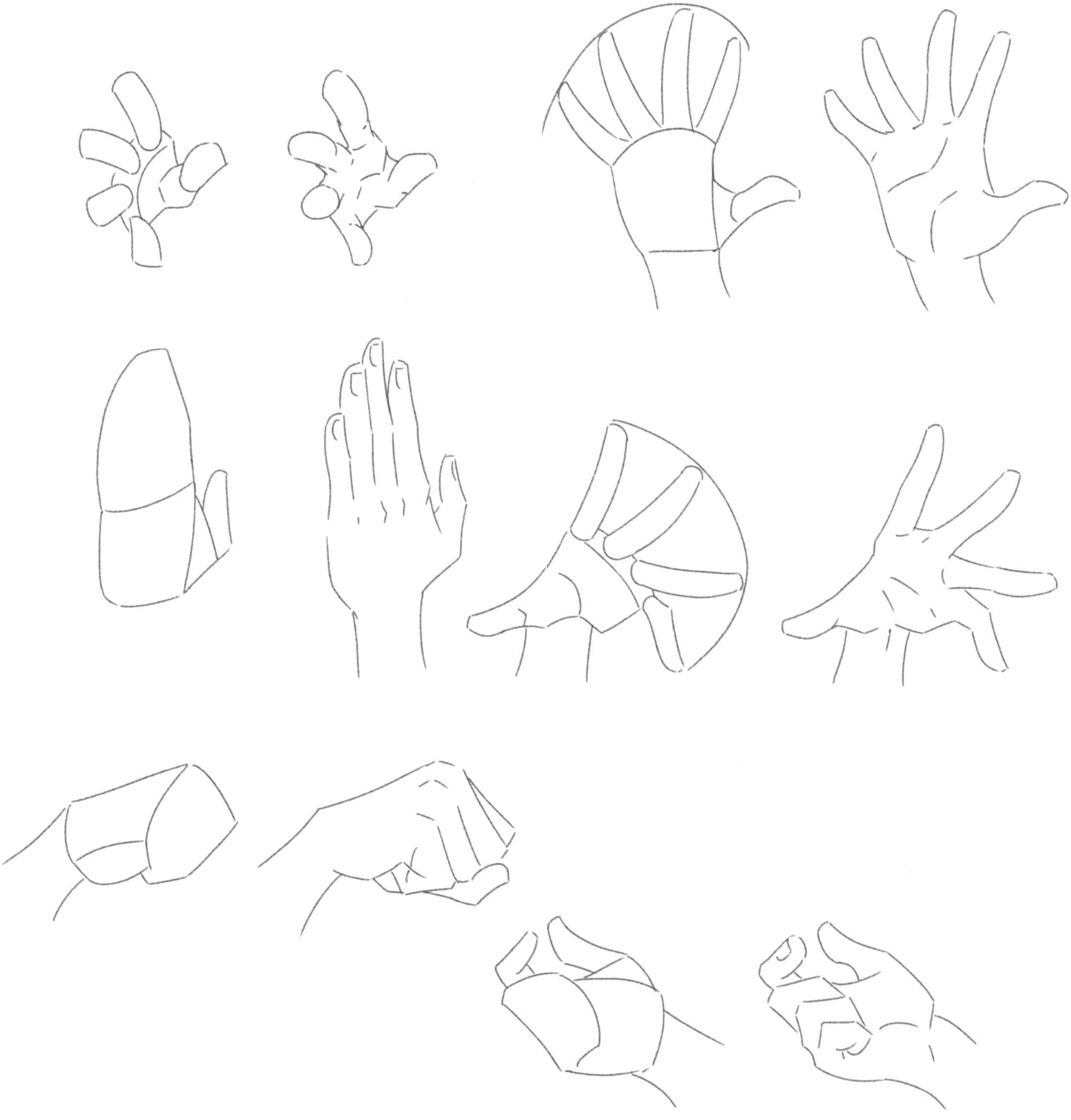

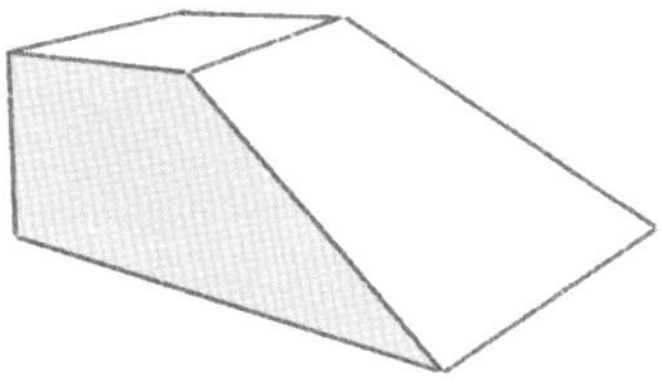

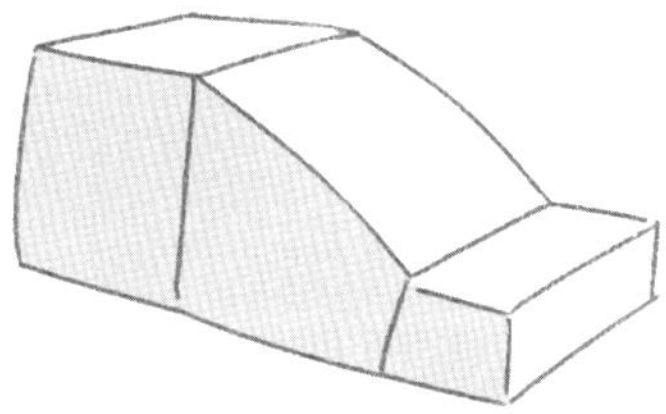

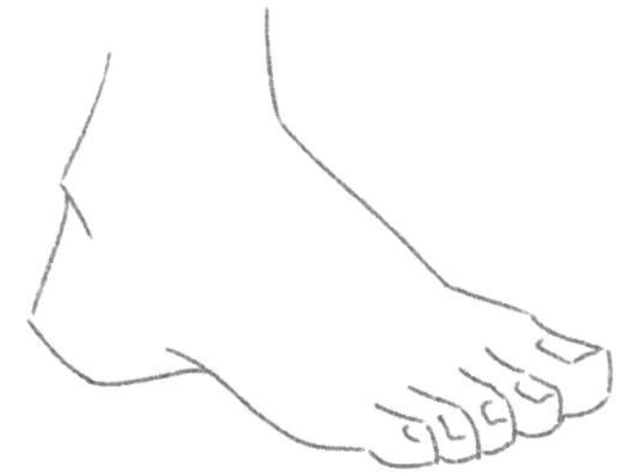

Für den Fuß benötigst du drei Formen: ein Rechteck für die Ferse, ein abgeschrägtes Rechteck für den Vorderfuß und schließlich ein Kästchen für die Zehen.

Wähle eine abgerundete Form für die Zehen. Achte beim Zeichnen darauf, dass der dicke Zeh breiter und länger ist als die anderen Zehen.

Von der Seite zeigt der Fuß eine leicht gebogene Linie unter dem zweiten Rechteck.

In der Frontansicht werden die rechteckigen Formen der Fußelemente vereinfacht, so dass der Fuß jetzt eher ein Dreieck bildet.

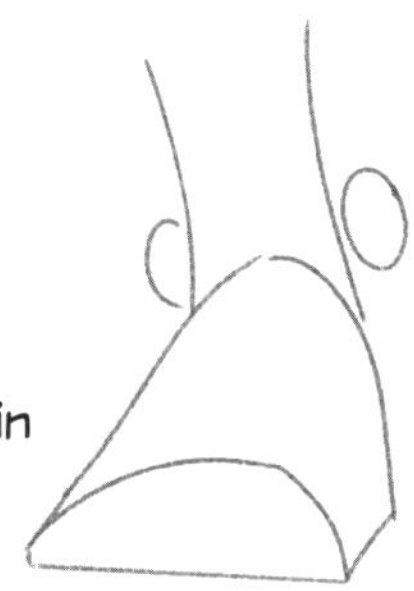

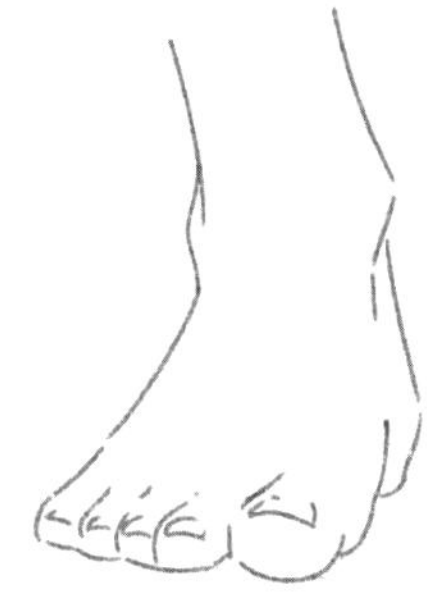

Fuß und Knöchel sind durch zwei kleine Knochenvorsprünge miteinander verbunden, die in der Frontansicht besonders gut zu sehen sind.

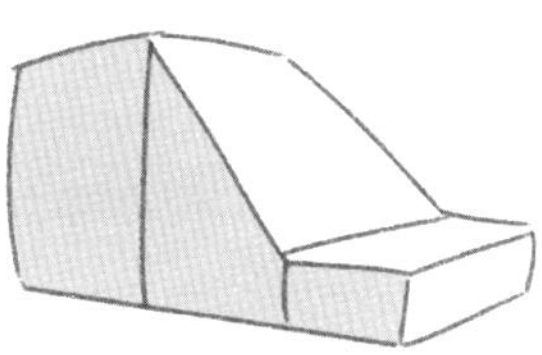

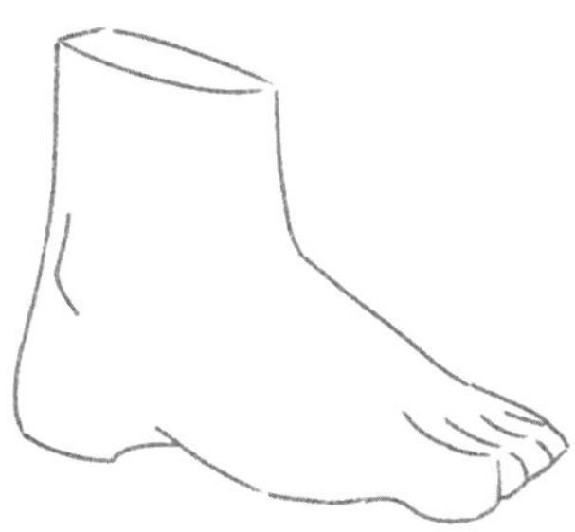

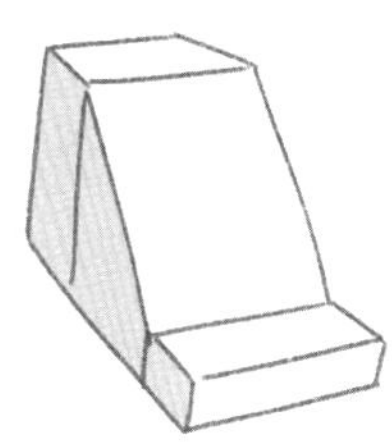

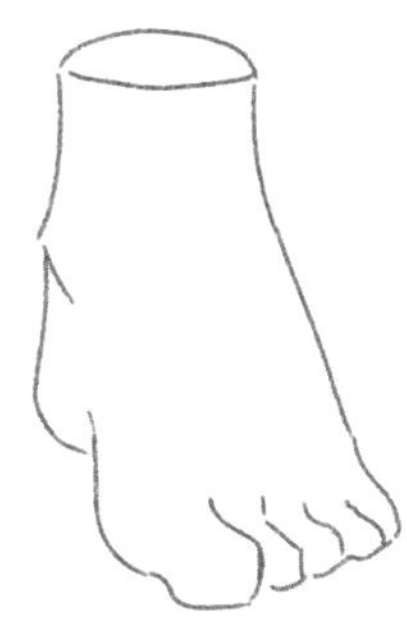

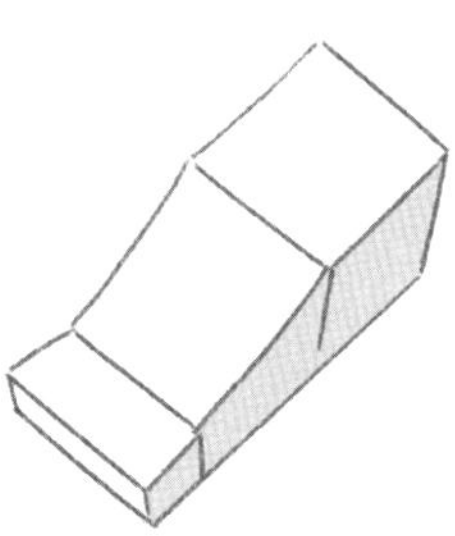

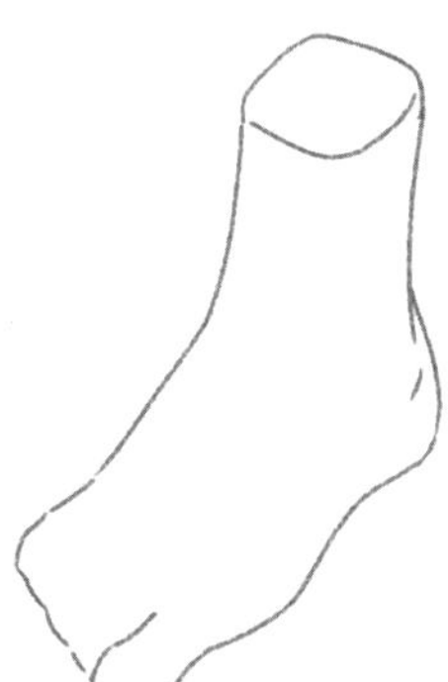

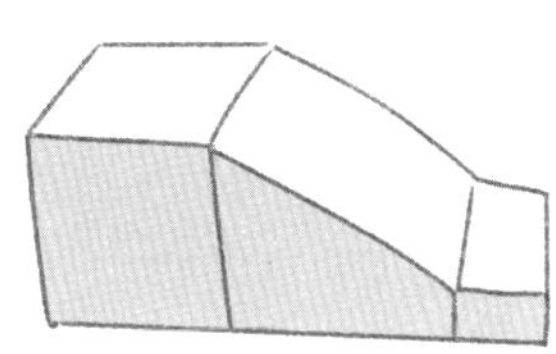

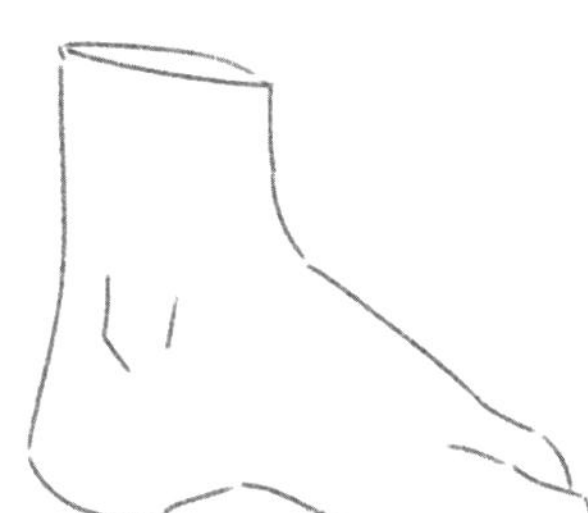

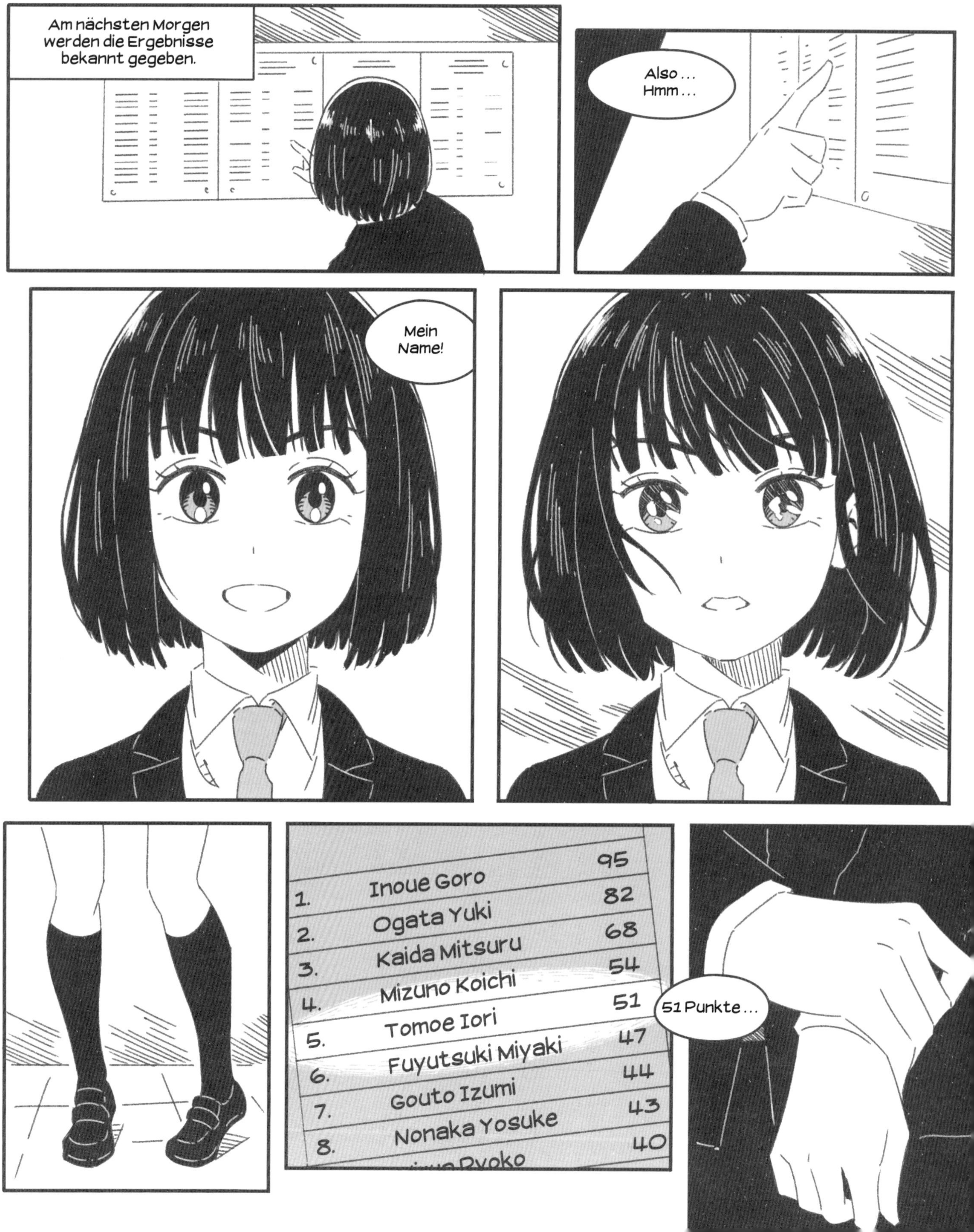
Am nächsten Morgen werden die Ergebnisse bekannt gegeben.
Also … Hmm …
Mein Name!
1. Inoue Goro 95
2. Ogata Yuki 82
3. Kaida Mitsuru 68
4. Mizuno Koichi 54
5. Tomoe Iori 51
6. Fuyutsuki Miyaki 47
7. Gouto Izumi 44
8. Nonaka Yosuke 43
40
51 Punkte …

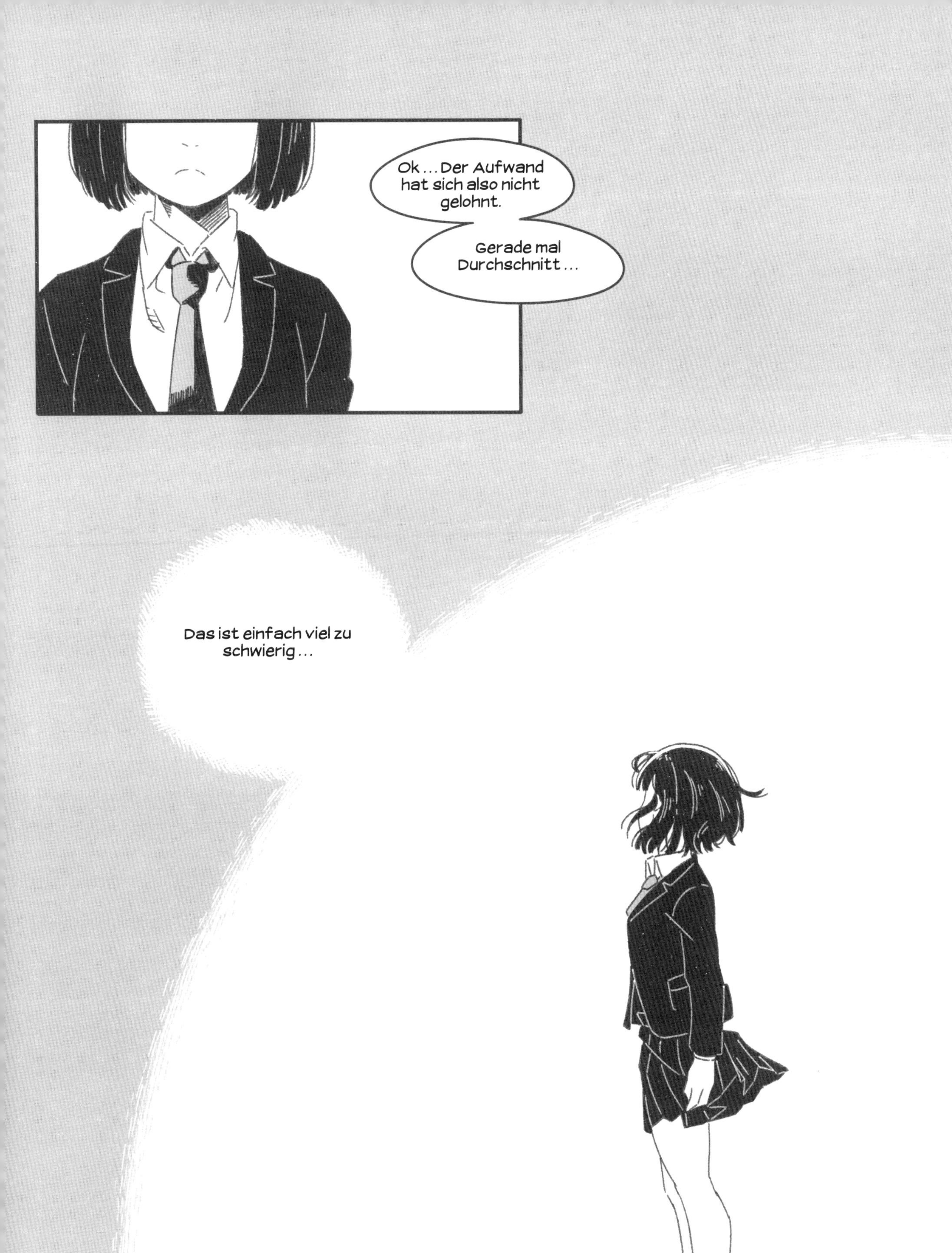
Ok ... Der Aufwand hat sich also nicht gelohnt.
Gerade mal Durchschnitt ...
Das ist einfach viel zu schwierig ...

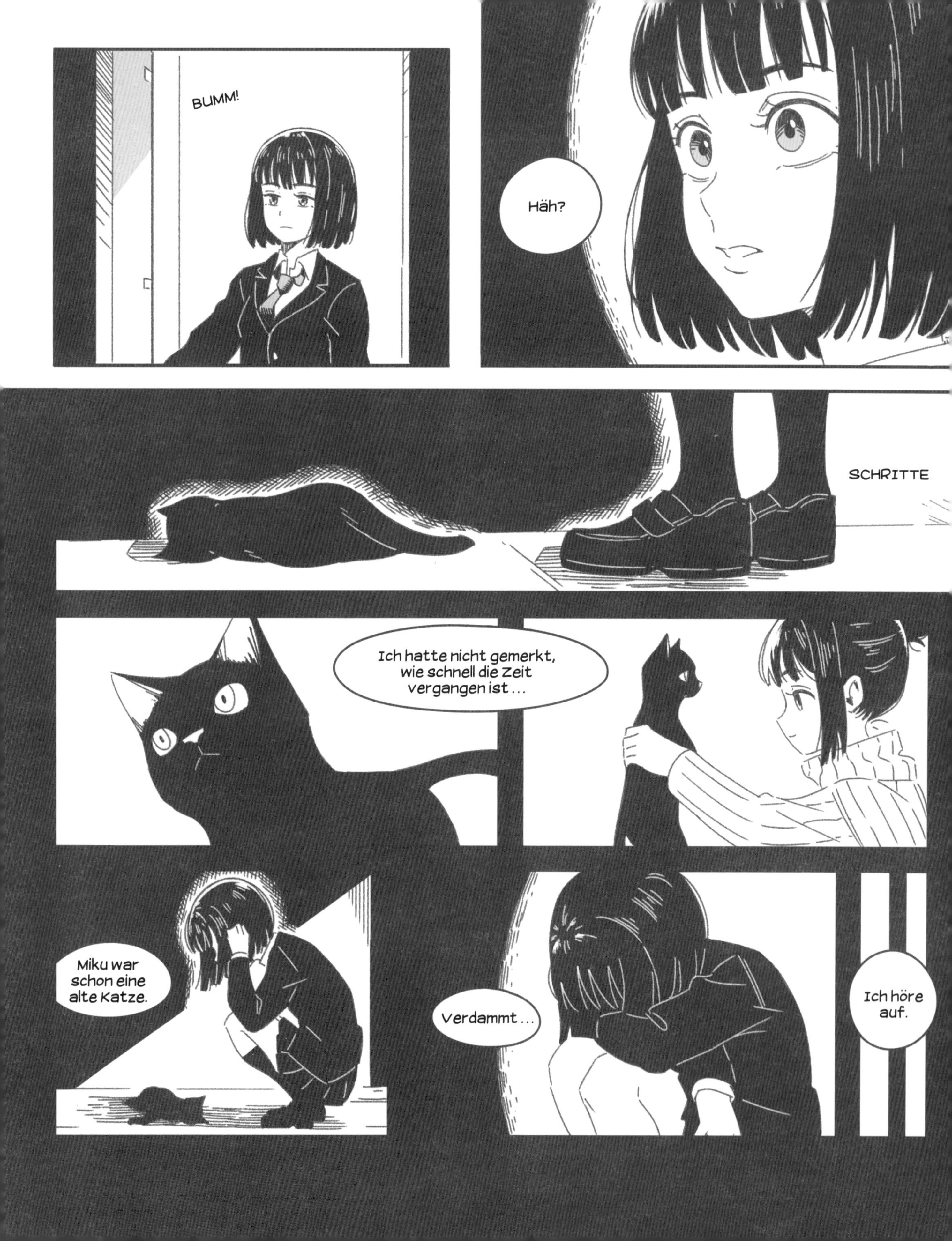
BUMM!
Häh?
SCHRITTE
Ich hatte nicht gemerkt, wie schnell die Zeit vergangen ist ...
Miku war schon eine alte Katze.
Verdammt ...
Ich höre auf.

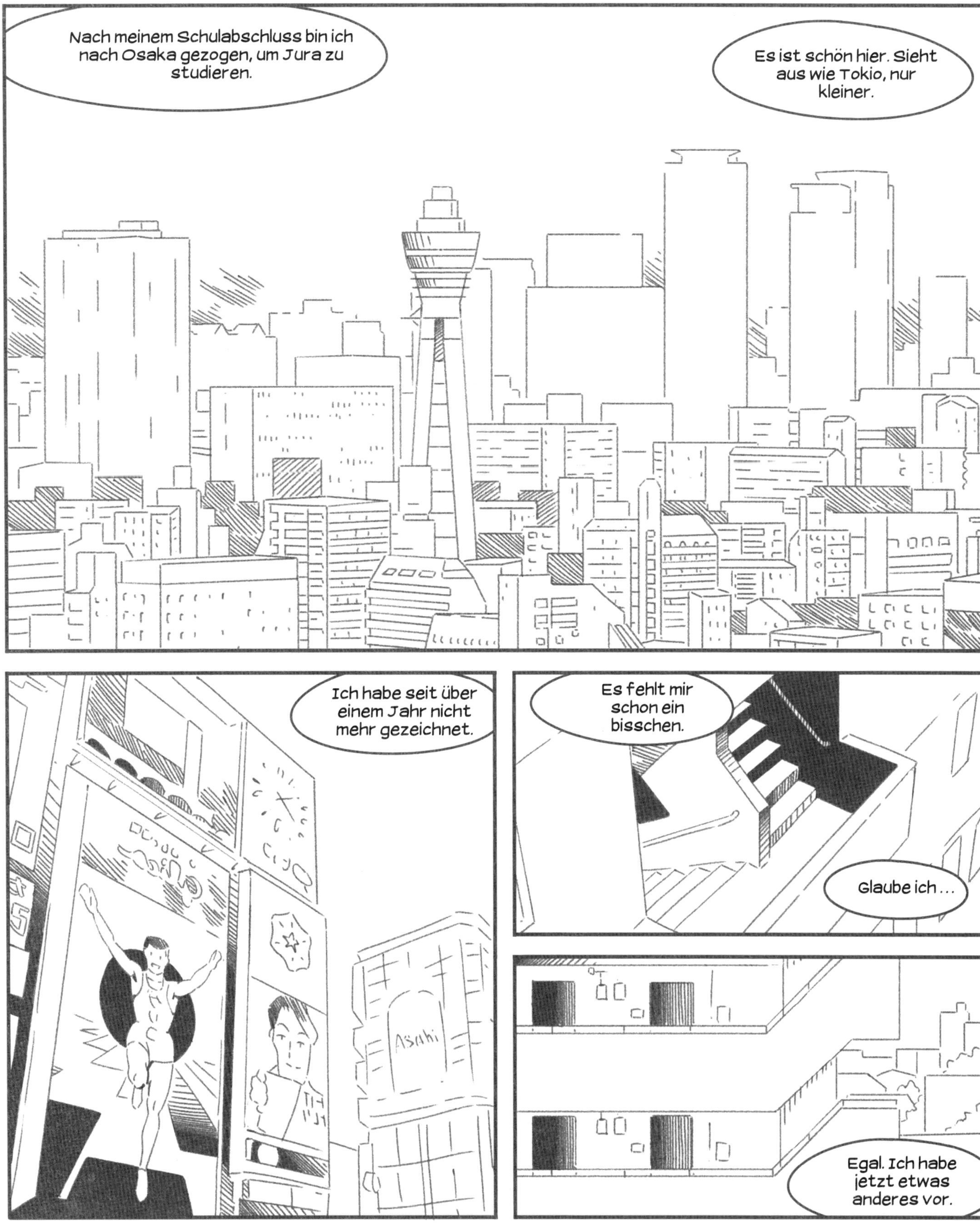
Nach meinem Schulabschluss bin ich nach Osaka gezogen, um Jura zu studieren.
Es ist schön hier. Sieht aus wie Tokio, nur kleiner.
Ich habe seit über einem Jahr nicht mehr gezeichnet.
Asahi
Es fehlt mir schon ein bisschen.
Glaube ich …
Egal. Ich habe jetzt etwas anderes vor.

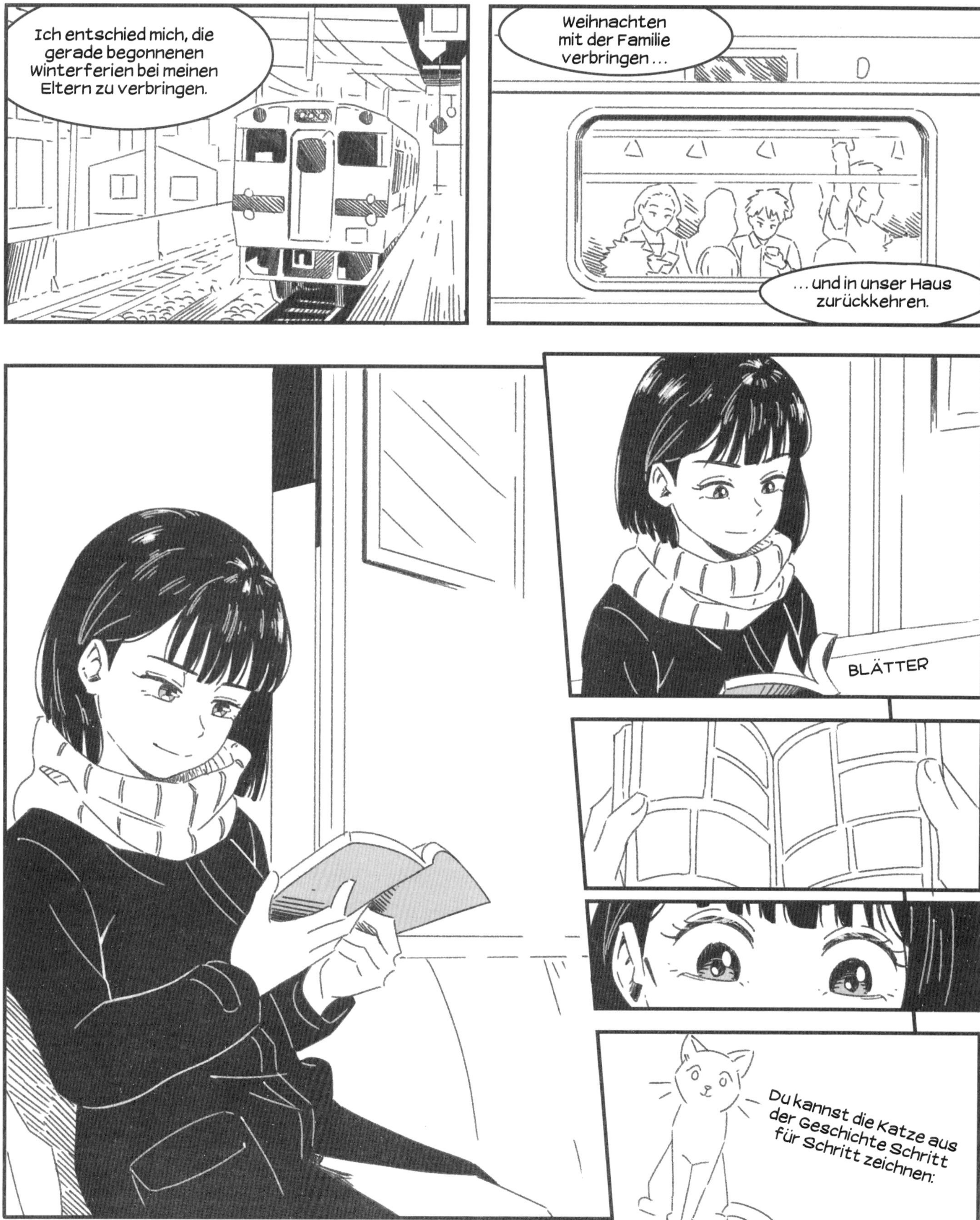
Ich entschied mich, die gerade begonnenen Winterferien bei meinen Eltern zu verbringen.
Weihnachten mit der Familie verbringen ...
... und in unser Haus zurückkehren.
BLÄTTER
Du kannst die Katze aus der Geschichte Schritt für Schritt zeichnen:

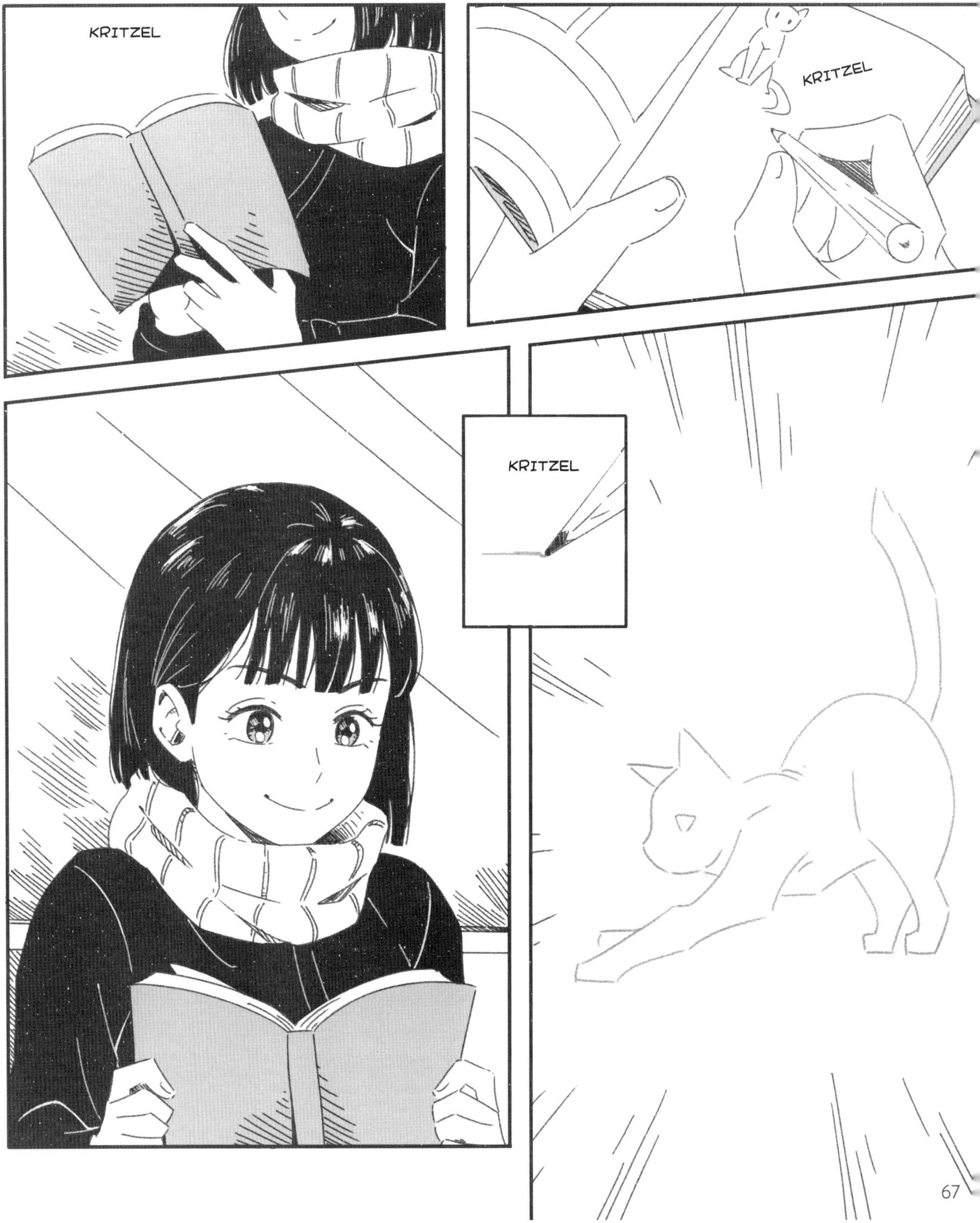
KRITZEL
KRITZEL
KRITZEL

Die Welt der Lebewesen
besteht nicht nur aus Menschen.

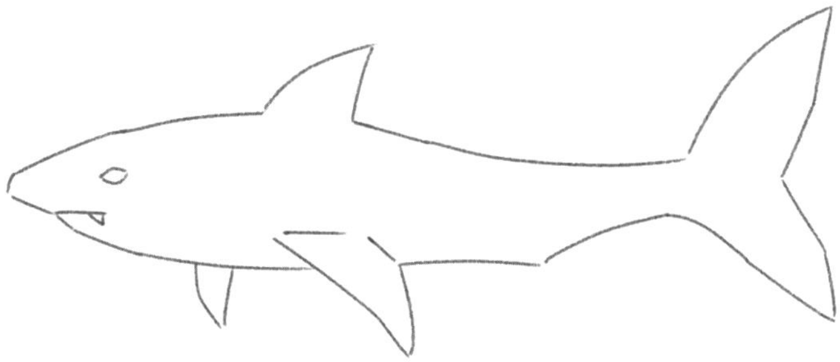

Tiere weisen eine beeindruckende Formenvielfalt auf,
die zunächst einschüchternd wirken kann.

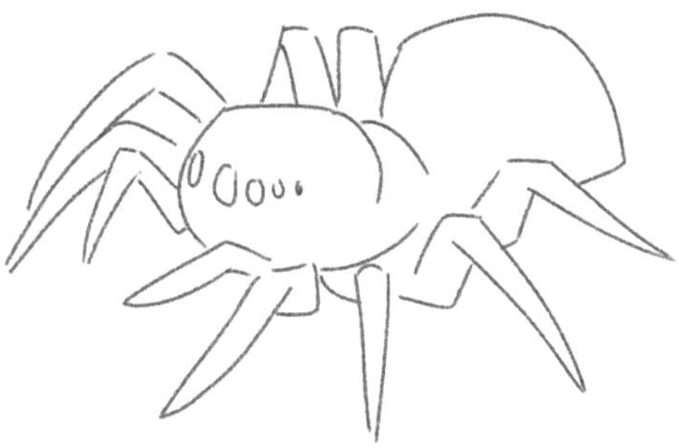

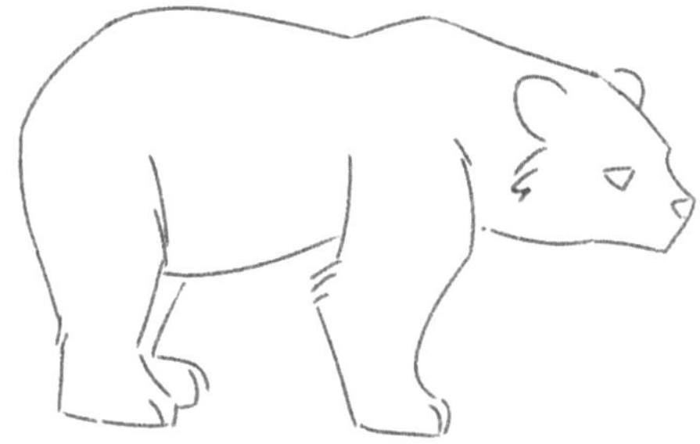

Doch wie bei den Objekten muss man nicht jede Tierart
zeichnen können. Es genügt, die bereits gelernten
Grundregeln anzuwenden.

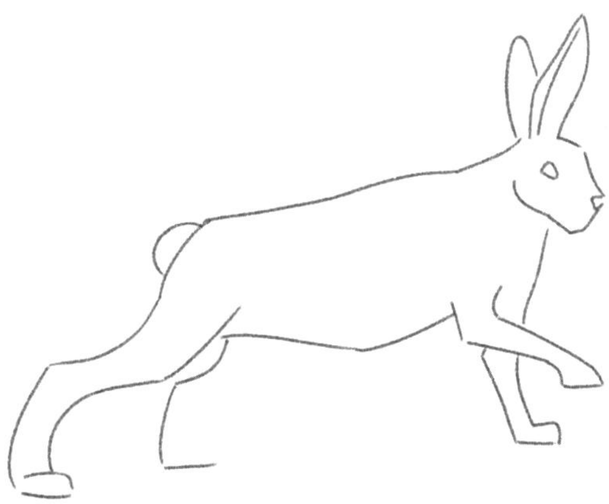

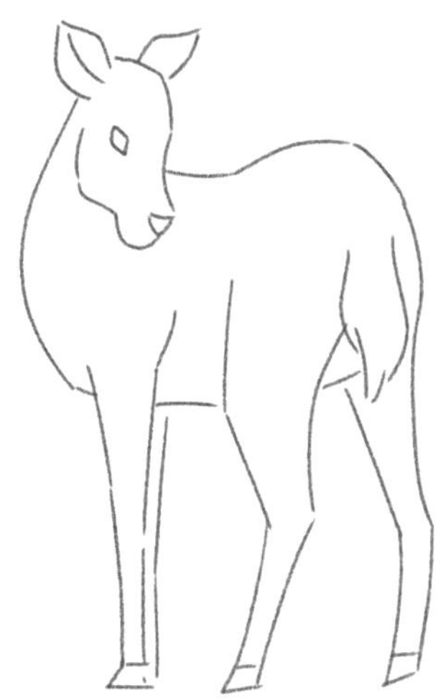

Beginne eine Tierzeichnung immer mit einer Grundstruktur aus einfachen Formen, wie beim menschlichen Körper.

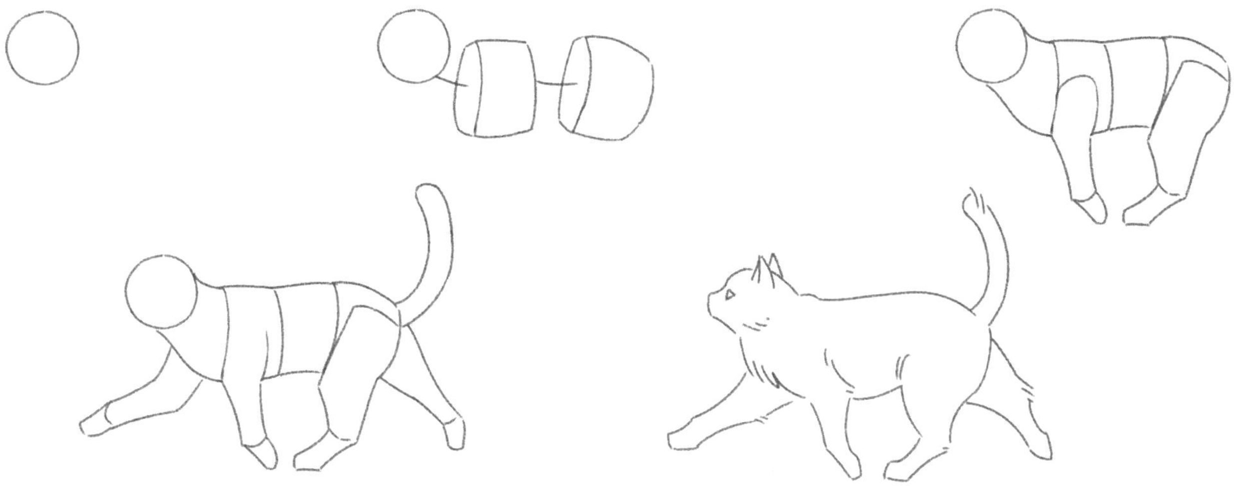

Bei Säugetieren wird die gleiche Zwei-Formen-Struktur wie für den menschlichen Korper angewendet.

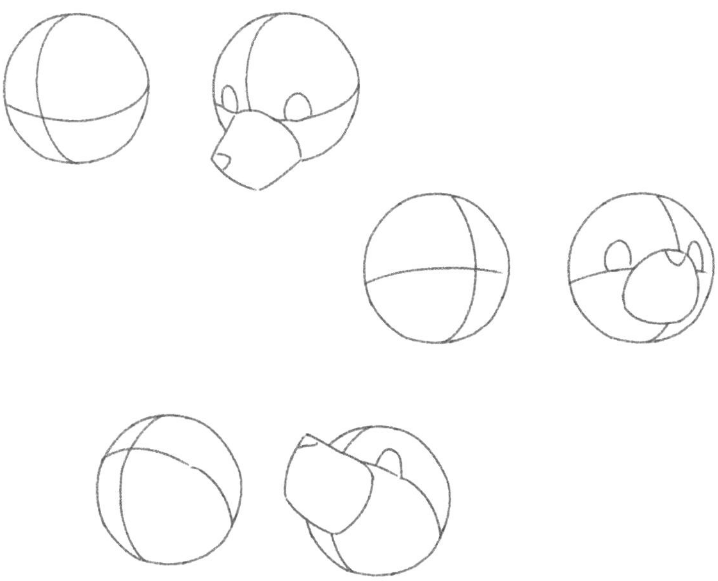

Für den Kopf eines Tieres gilt das gleiche Prinzip wie für den Kopf eines Menschen.

Beginne mit einem Kreis, wähle die Blickrichtung und füge ein Rechteck für den Kiefer hinzu.

Je nach dargestellter Tierart verändert sich die Größe der Proportionen.

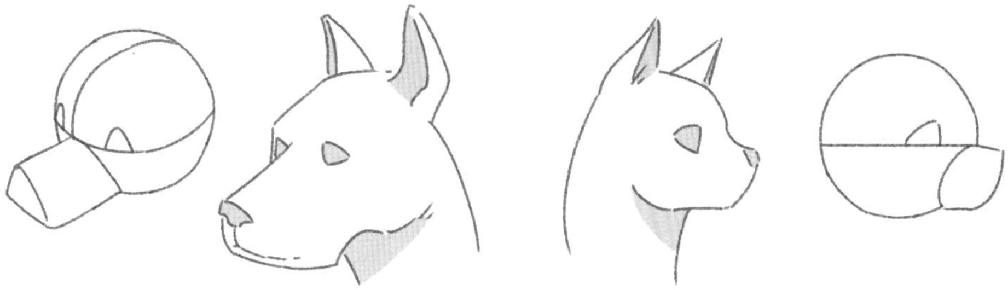

Wenn du die Proportionen der Formen veränderst, entstehen auf diese Weise unterschiedliche Tiere.

Da du jetzt weißt, wie man Tiere mit einfachen Formen zeichnet, wird es für dich leichter sein, diese auch in unterschiedlichen Posen darzustellen.

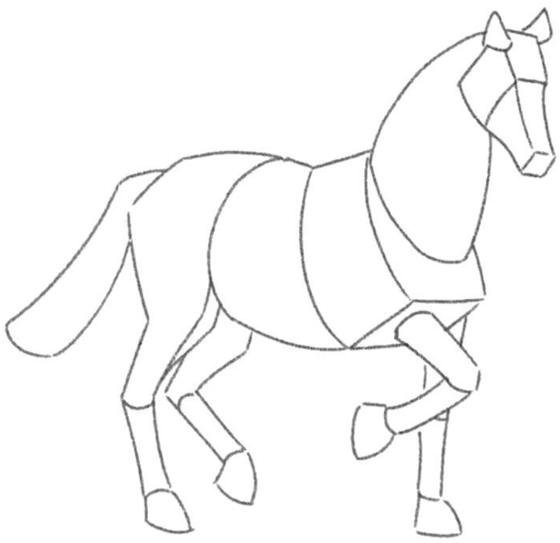

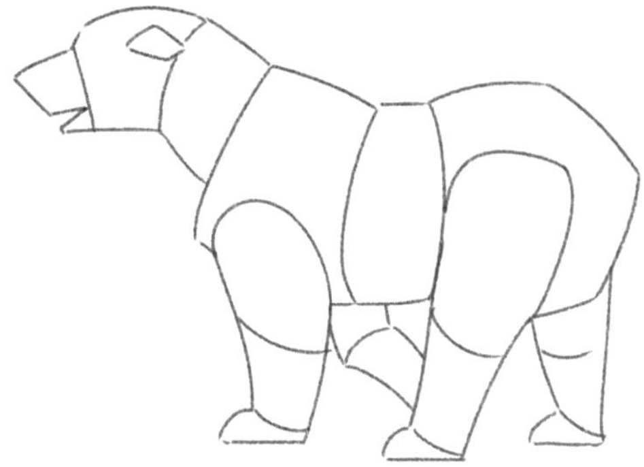

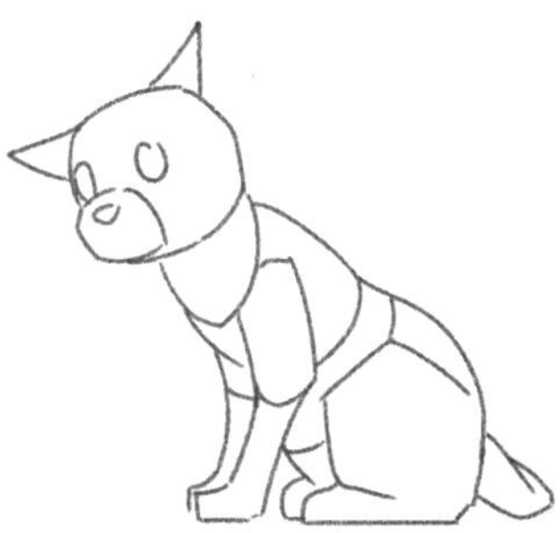

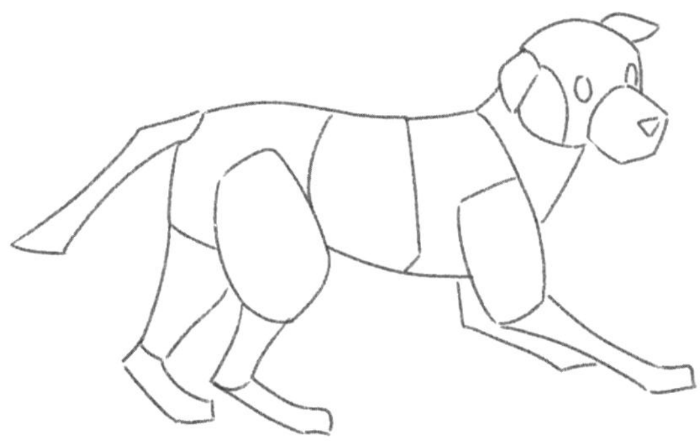

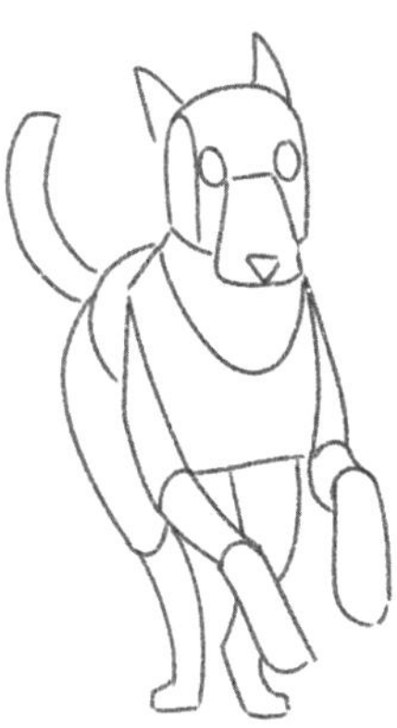

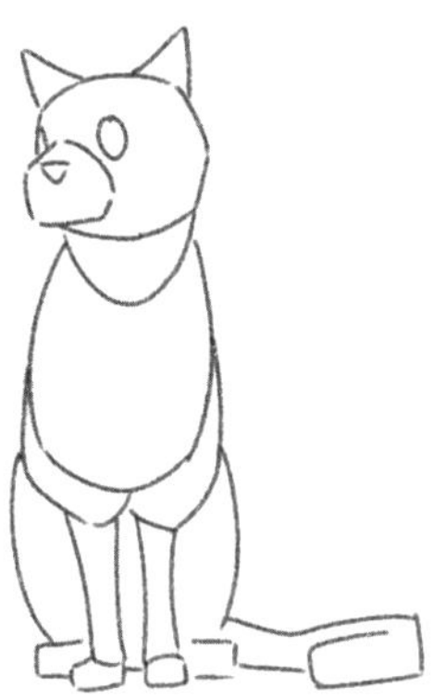

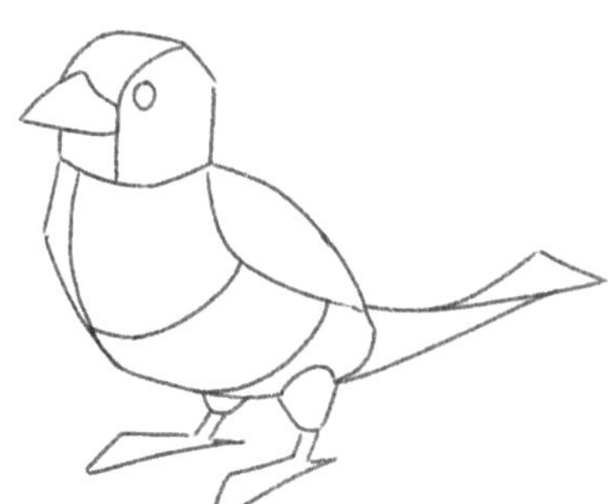

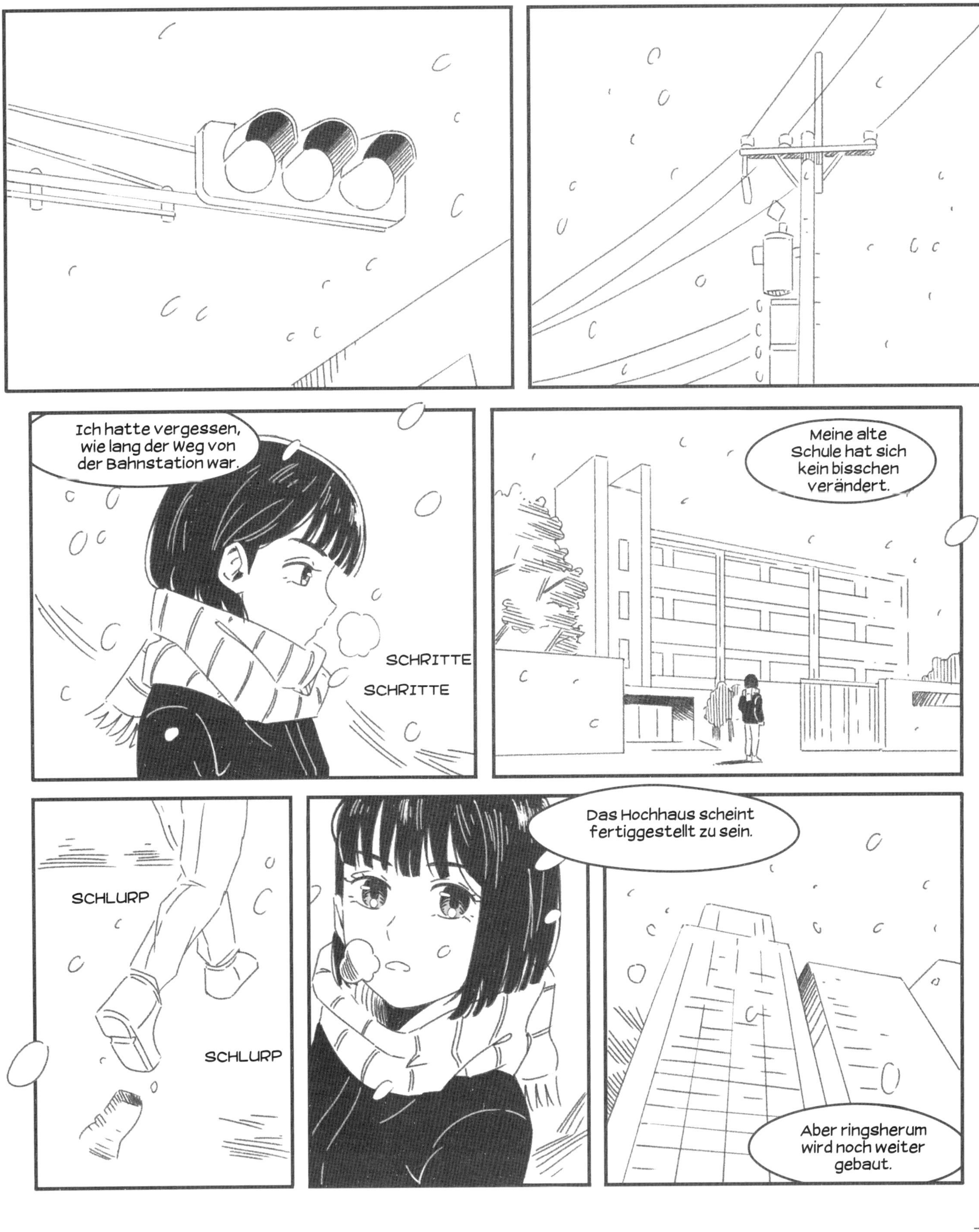
Ich hatte vergessen, wie lang der Weg von der Bahnstation war.
SCHRITTE
SCHRITTE
Meine alte Schule hat sich kein bisschen verändert.
SCHLURP
SCHLURP
Das Hochhaus scheint fertiggestellt zu sein.
Aber ringsherum wird noch weiter gebaut.

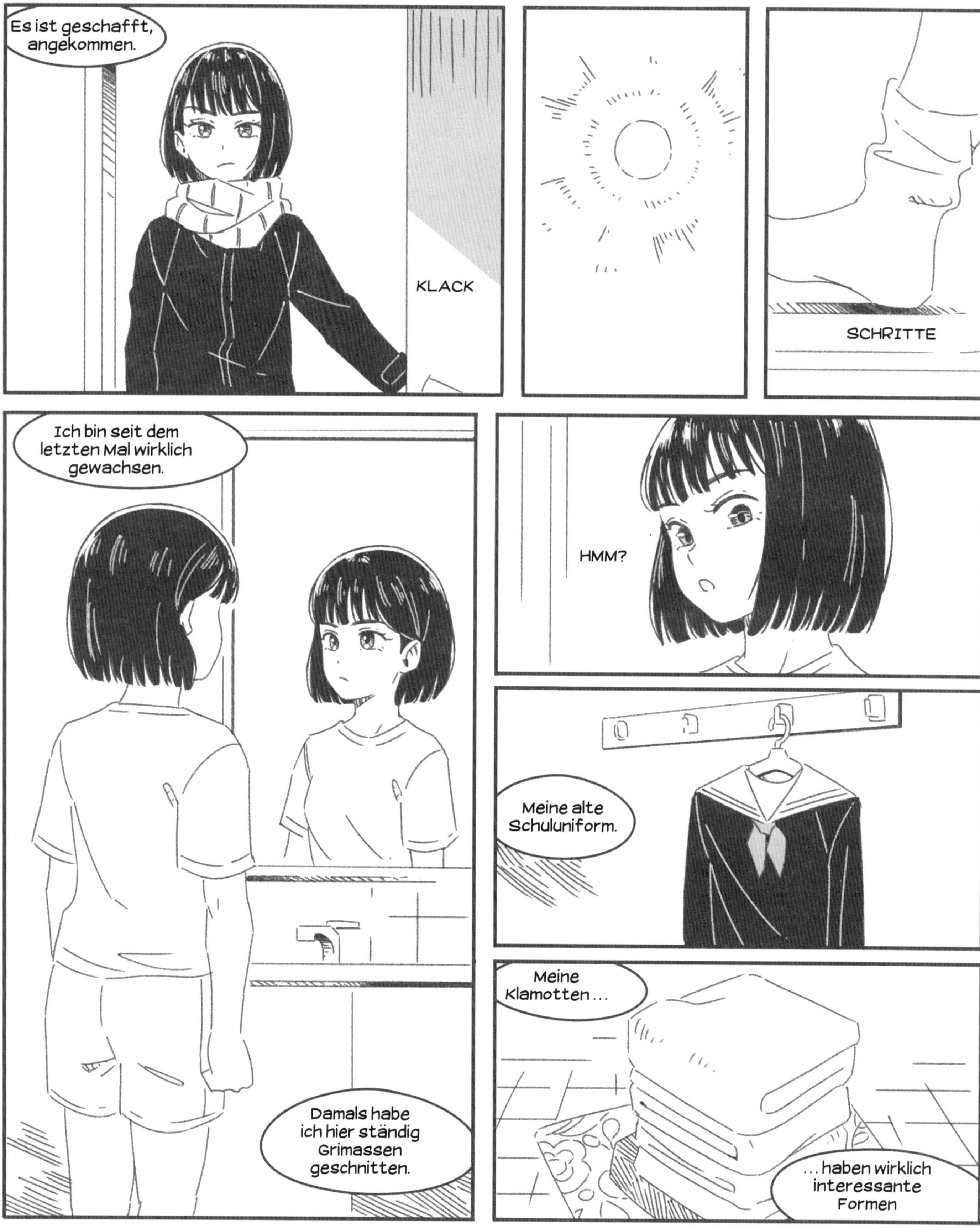
Es ist geschafft, angekommen.
KLACK
SCHRITTE
Ich bin seit dem letzten Mal wirklich gewachsen.
Damals habe ich hier ständig Grimassen geschnitten.
HMM?
Meine alte Schuluniform.
Meine Klamotten …
… haben wirklich interessante Formen

Die Kleidung ist ebenfalls eine wesentliche Komponente für das Zeichnen von Figuren.

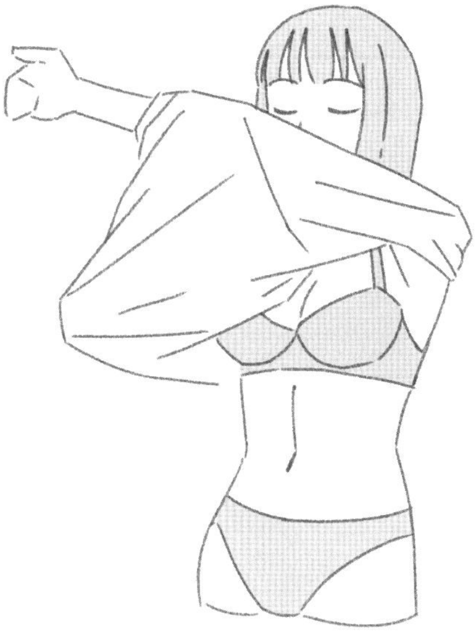

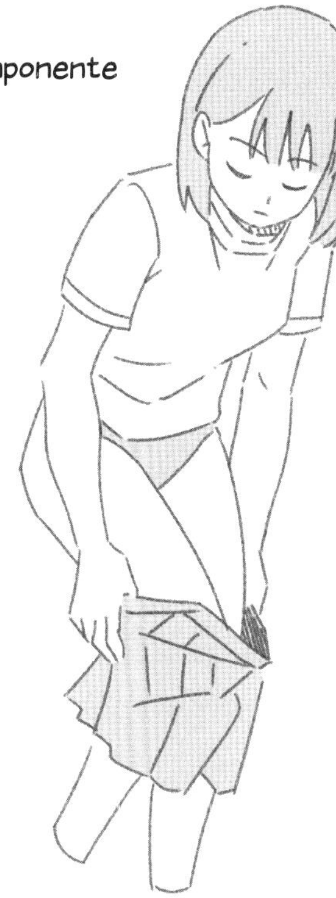

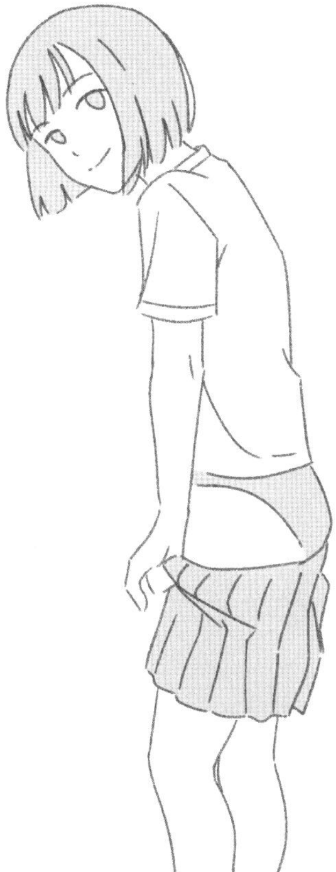

Sie ergänzt das Erscheinungsbild der Charaktere.

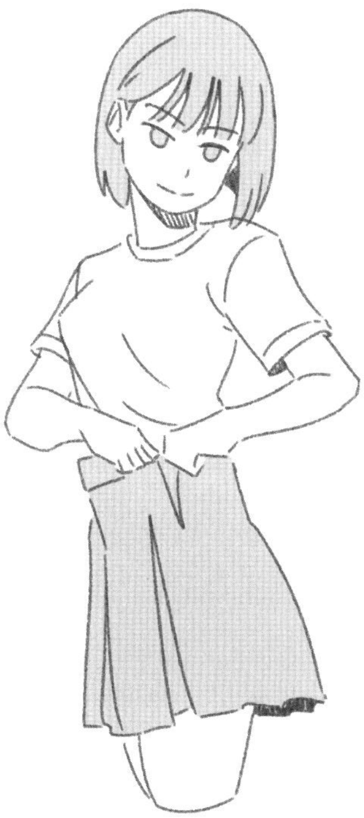

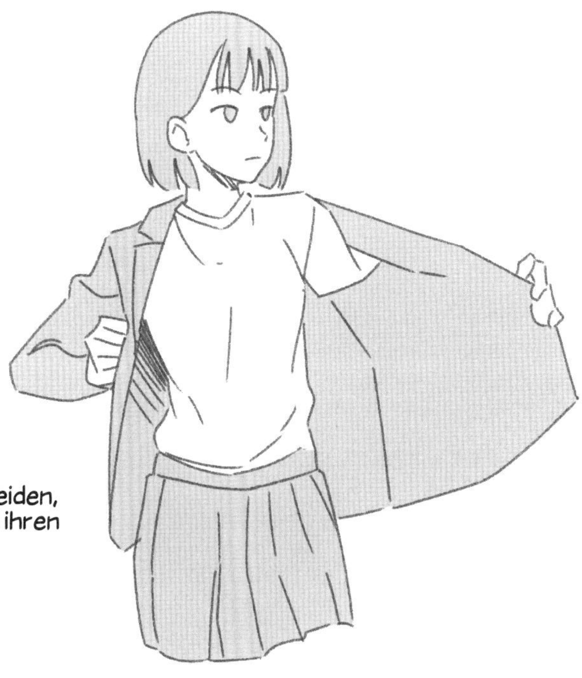

Die Art und Weise, wie Figuren sich kleiden, sagt viel über ihre Persönlichkeit und ihren Status aus.

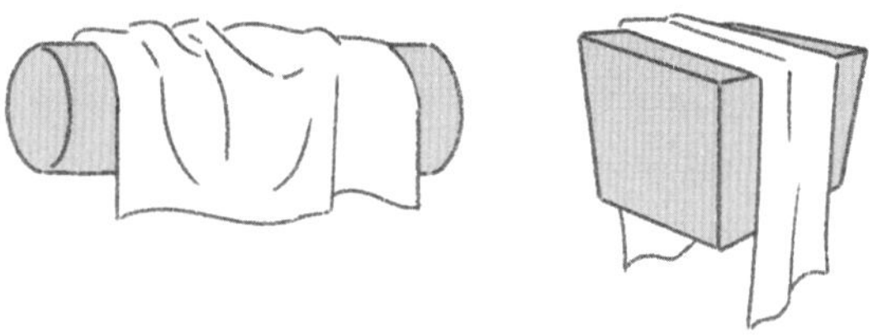

Die Kleidung besteht aus Formen mit weichen Kanten und einer gewissen Dicke. Sie passen sich der Form ihrer jeweiligen Unterlage an. Ähnlich wie Wasser, das über ein Objekt fließt.

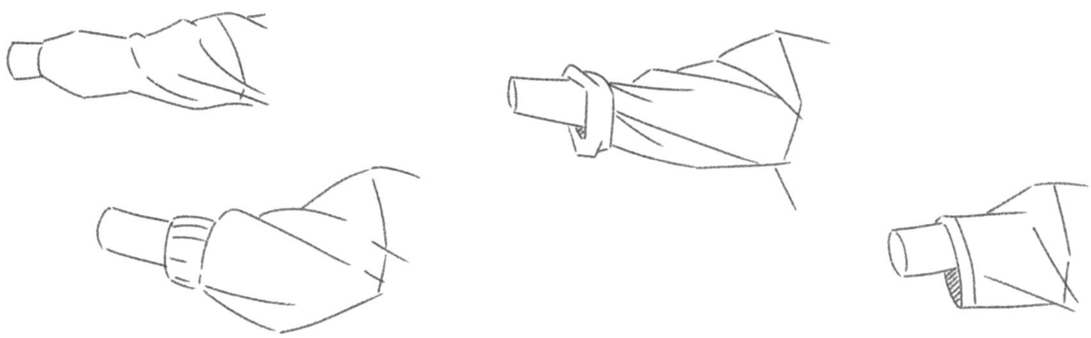

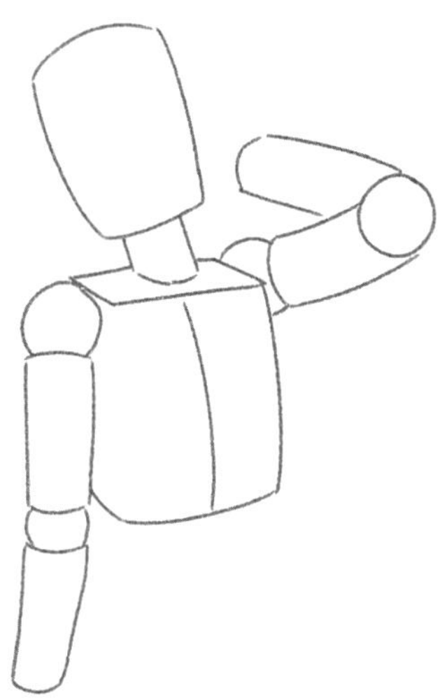

Da sich der Stoff den Formen anpasst, solltest du immer zuerst den Körper und erst danach die Kleidung zeichnen.

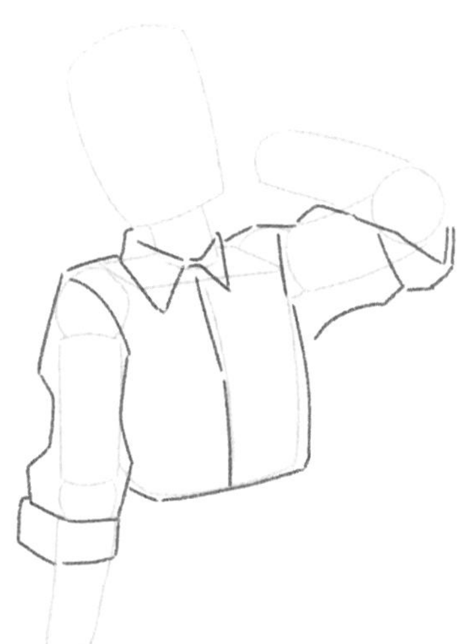

Wie immer wird auch hier zunächst das „Skelett" der Kleidung erstellt. Achte beim Zeichnen der Grundform darauf, dass diese sich auch gut der Körperform anpasst.

Dieser erste Entwurf gibt dir die Möglichkeit, dich anfangs auf die Proportionen des Kleidungsstücks zu konzentrieren.

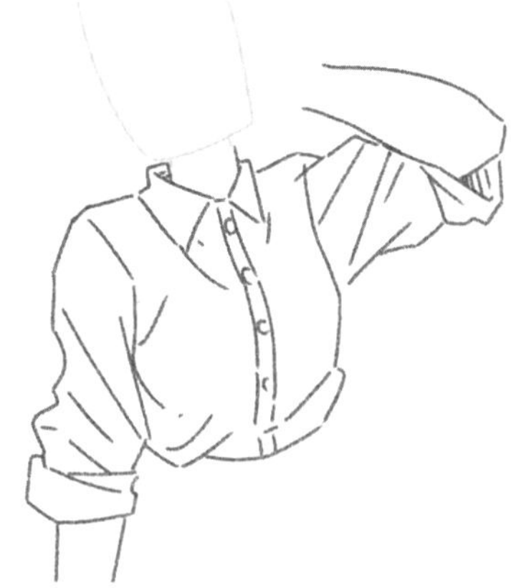

Zum Schluss fügst du noch die Falten hinzu.

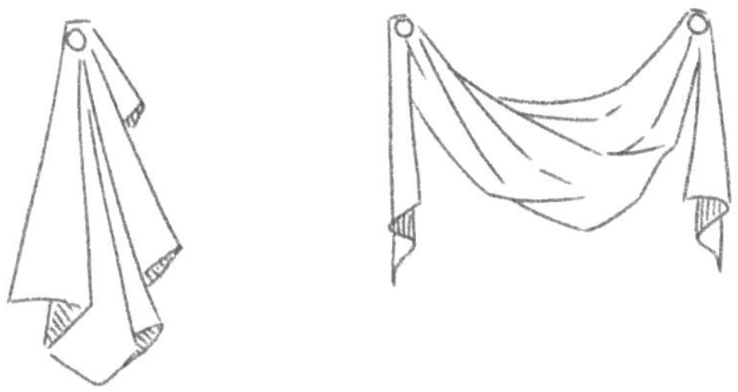

Der Spannungspunkt ist eine Kraft, die der Schwerkraft entgegenwirkt. Wenn man ein Tuch an einer Wand befestigt, möchte man natürlich verhindern, dass es herunterfällt. Deshalb bildet man einen Spannungspunkt, an dem der Stoff hängt.

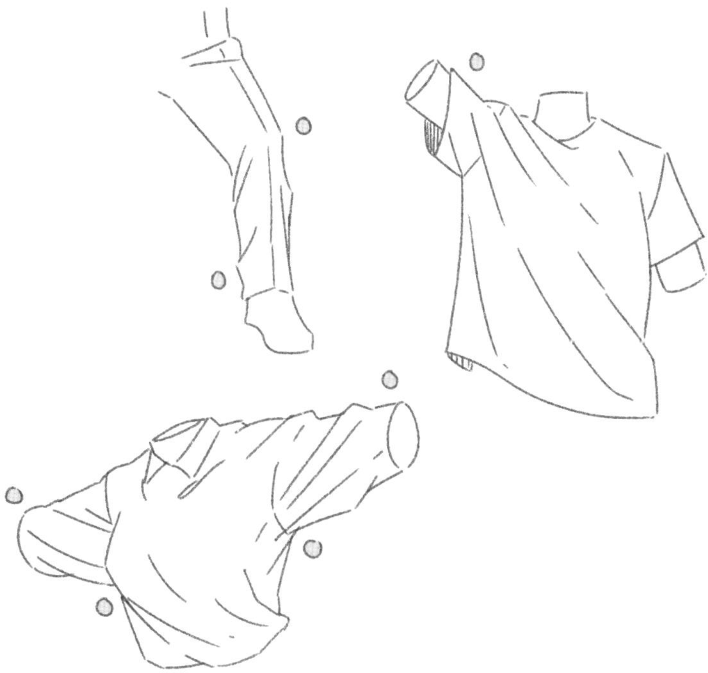

Spannungspunkte entstehen häufig auf natürliche Weise durch bestimmte Elemente. Dazu zählen der Ellenbogen, die Knie oder auch die Nähte eines Kleidungsstücks.

Für das Zeichnen von Falten sind Spannungspunkte enorm hilfreich. Denn die Hauptfalten eines Kleidungsstücks folgen der Körperbewegung und führen zu den Spannungspunkten.

Daneben existiert auch das Prinzip der Druckfalten: Beim Beugen des Armes zum Beispiel wird der Kleidungsstoff zusammengedrückt, wodurch in der Armbeuge ein neuer Spannungspunkt entsteht, der wiederum neue Falten hervorruft.

Wir beobachten das gleiche Phänomen, wenn wir ein Objekt auf ein Kleidungsstück legen. Zum Beispiel wenn unsere Arme verschränkt sind.

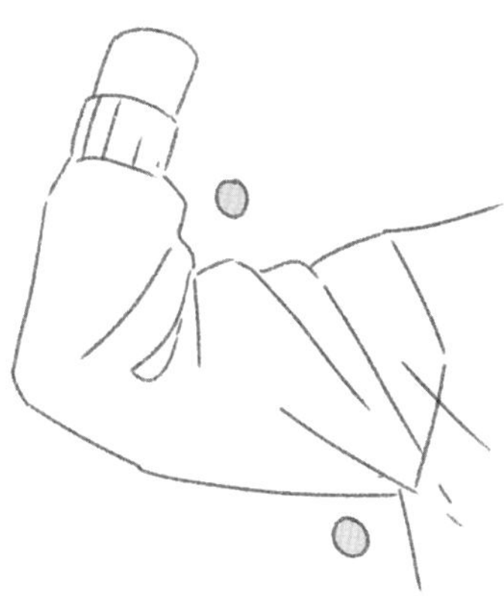

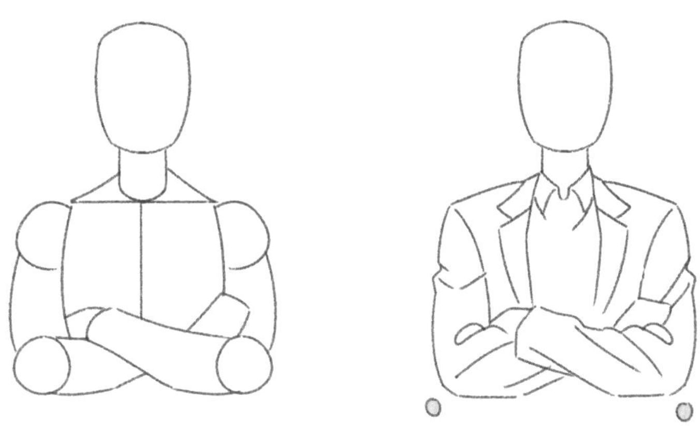

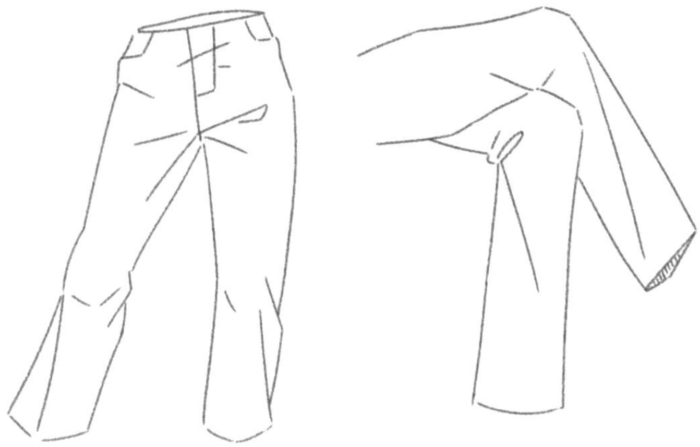

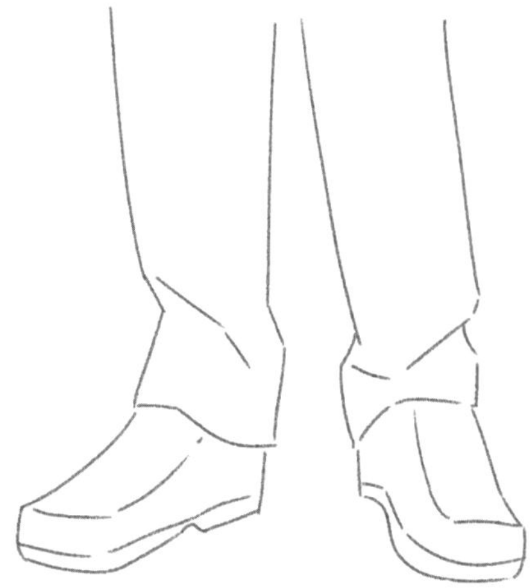

Für Hosen gelten die gleichen Regeln wie für die anderen Kleidungsstücke. Falten entstehen hier hauptsächlich auf Höhe des Schritts und an den Knien.

Bei auf den Schuhen aufliegenden Hosenbeinen kommt es automatisch zur Faltenbildung.

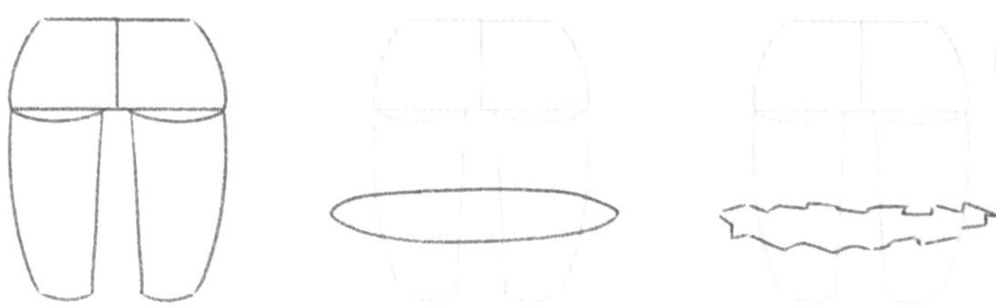

Bei Faltenröcken, die in Japan sehr beliebt sind, wendet man eine etwas andere Methode an.

Zeichne zunächst eine Ellipse für die untere Öffnung des Rocks.

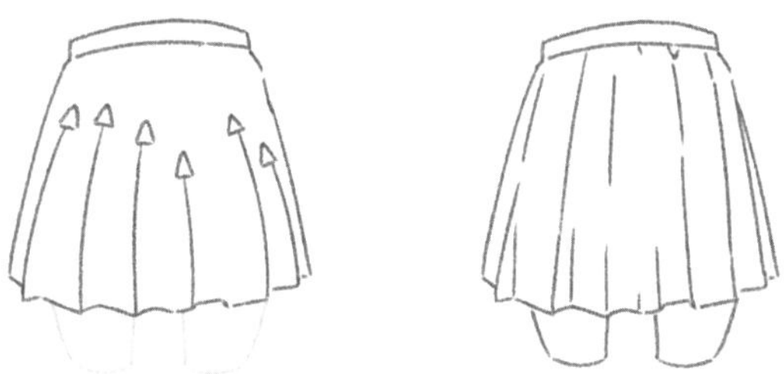

Anschließend modellierst du diese Ellipse mit einer Zickzacklinie.

Nun kannst du die Form für den Rock zeichnen. Senkrechte Linien verbinden die Spitzen der Zickzacklinie mit dem Rockbund.

Durch Hinzufügen weiterer Details und unter Anwendung der Methode der Spannungspunkte wird es dir möglich sein, viele verschiedene Formen zu kreieren!

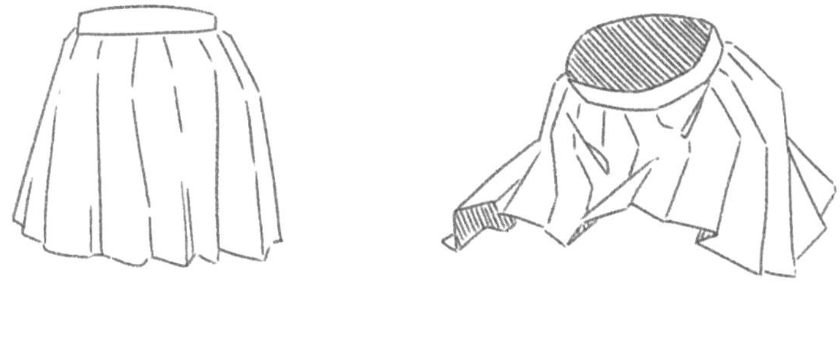

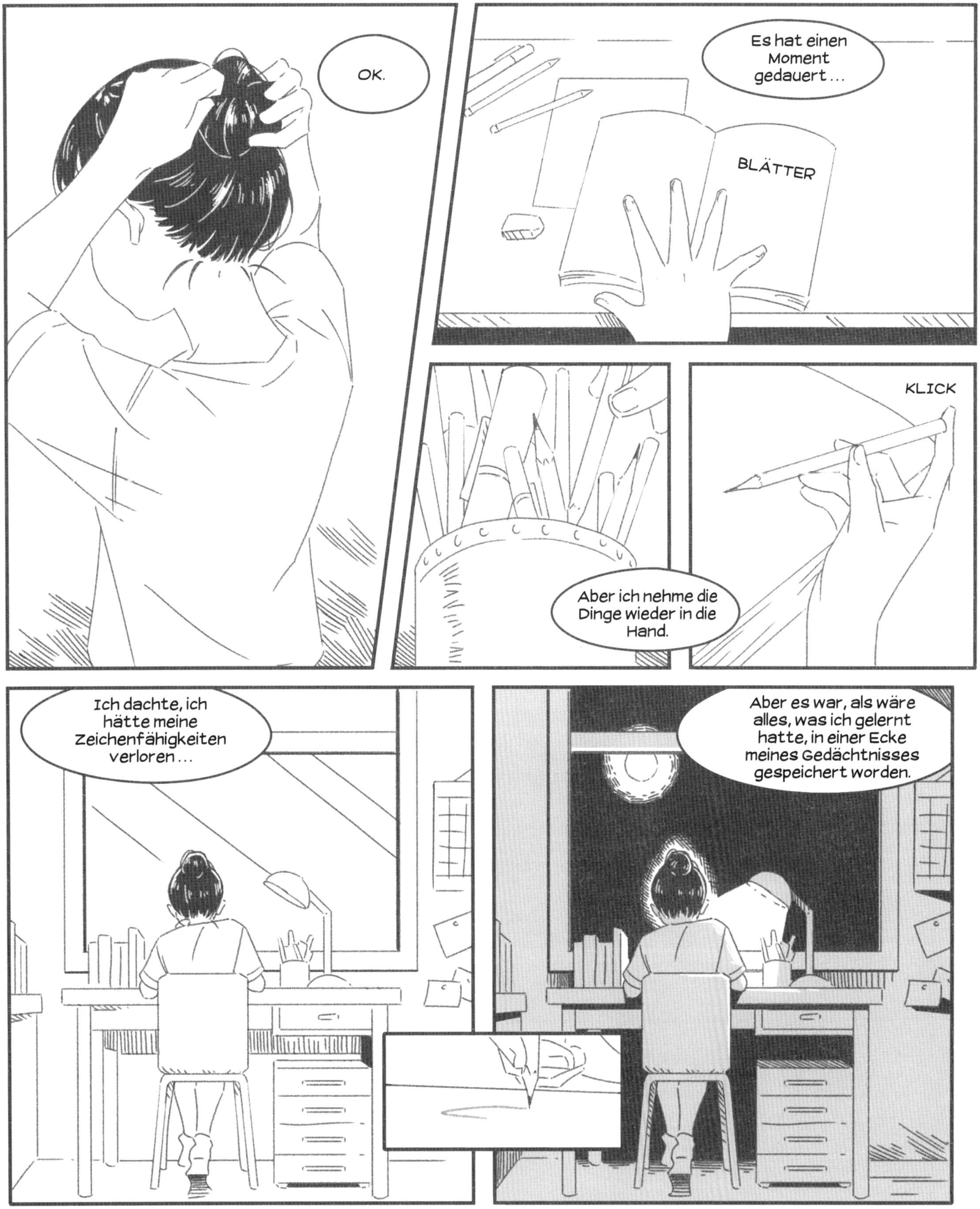
OK.
Es hat einen Moment gedauert …
BLÄTTER
Aber ich nehme die Dinge wieder in die Hand.
KLICK
Ich dachte, ich hätte meine Zeichenfähigkeiten verloren …
Aber es war, als wäre alles, was ich gelernt hatte, in einer Ecke meines Gedächtnisses gespeichert worden.

Licht und Schatten verleihen einer Zeichnung Volumen. Fehlt sowohl das eine als auch das andere, besteht die Gefahr, dass die Zeichnung flach wirkt.

Darüber hinaus tragen Schattierungen dazu bei, Hintergründe und Figuren zu definieren, insbesondere bei Zeichnungen im Manga-Stil (da schwarz-weiß).

Schattierungen schaffen Atmosphäre und ermöglichen dadurch verschiedene Lesarten der Szene. Mit mehr oder weniger Kontrast bringst du Spannung in ein Bild.

Es gibt zahlreiche Möglichkeiten, eine Zeichnung im Manga-Stil zu schattieren.

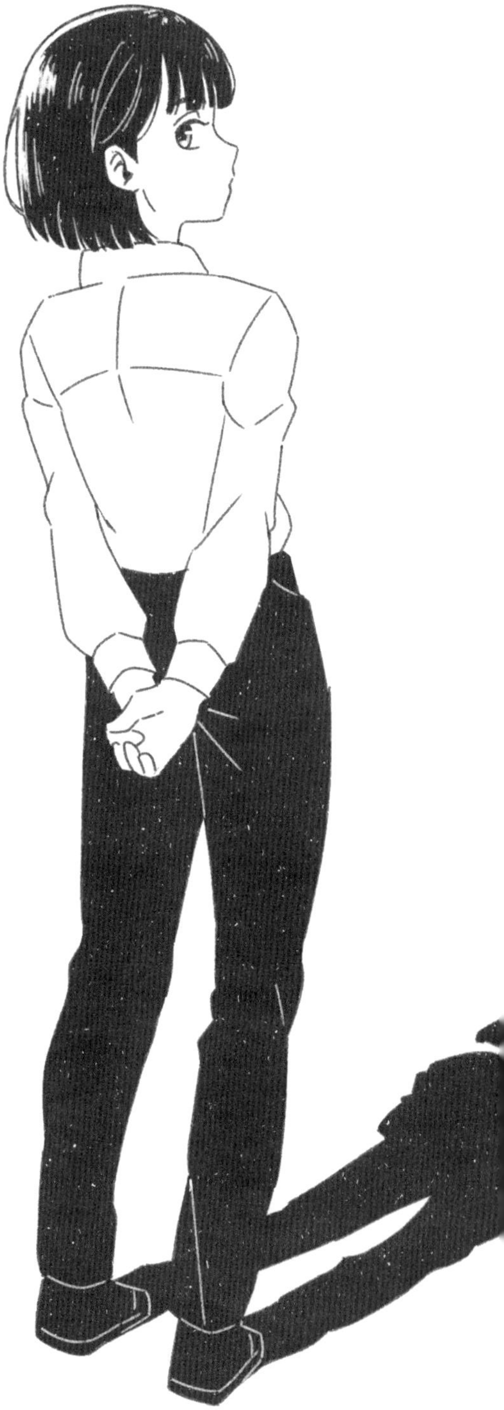

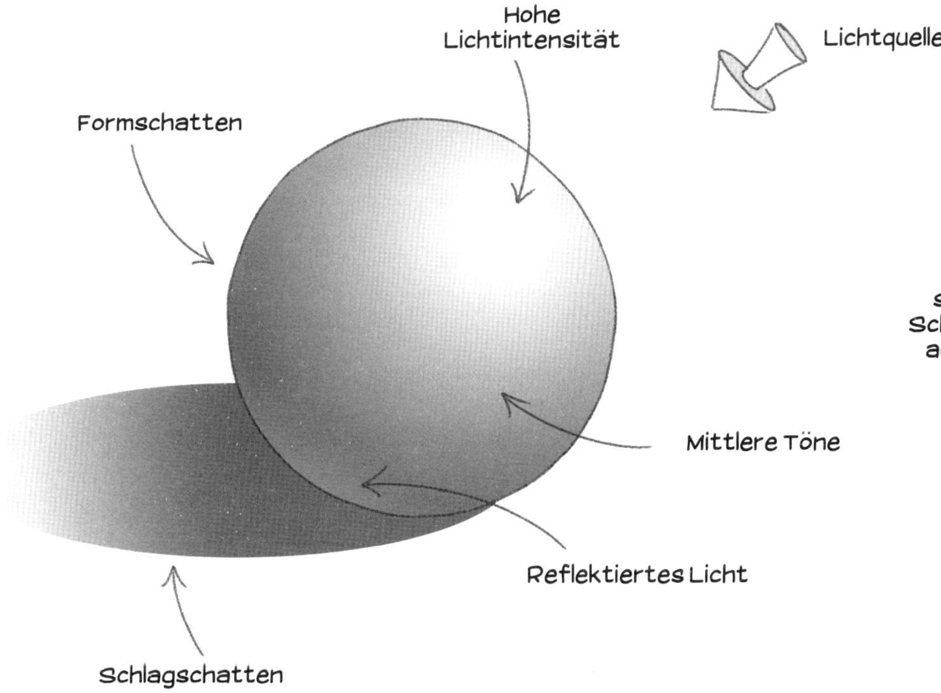

Licht und Schatten bedingen sich gegenseitig. Ohne Licht kein Schatten. Schatten entsteht immer auf der gegenüberliegenden Seite des Lichteinfalls.

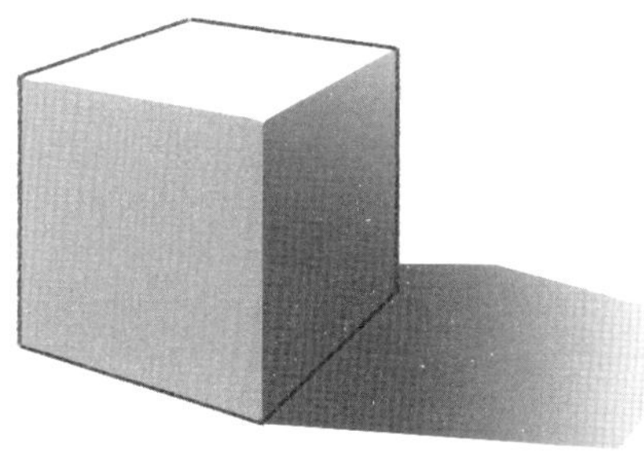

Runde Formen werfen eher weiche Schatten, eckige Formen eher harte.

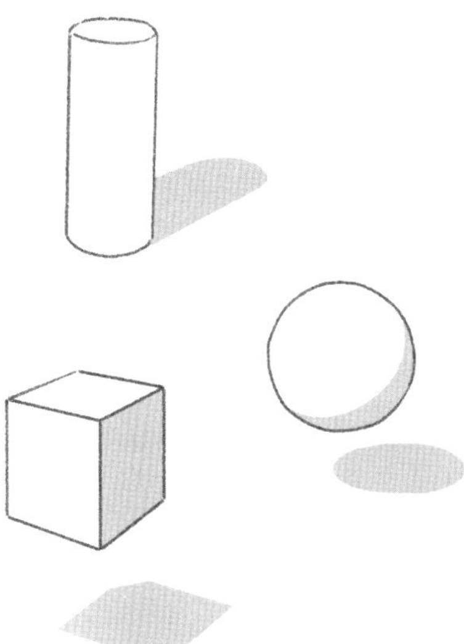

Schlagschatten entstehen immer gegenüber der Lichtquelle.

Befindet sich das Objekt in der Luft, sind Objekt und sein Schlagschatten voneinander getrennt.

Screentones (Rasterfolien) sind gebrauchsfertige Motive für die Verwendung in Zeichnungen.

Für Schattierungen in einem Manga verwendet man in der Regel Raster mit unterschiedlichen Größen und Formen.

Raster sind geeignet, um eine Zeichnung nuancenreich zu gestalten.

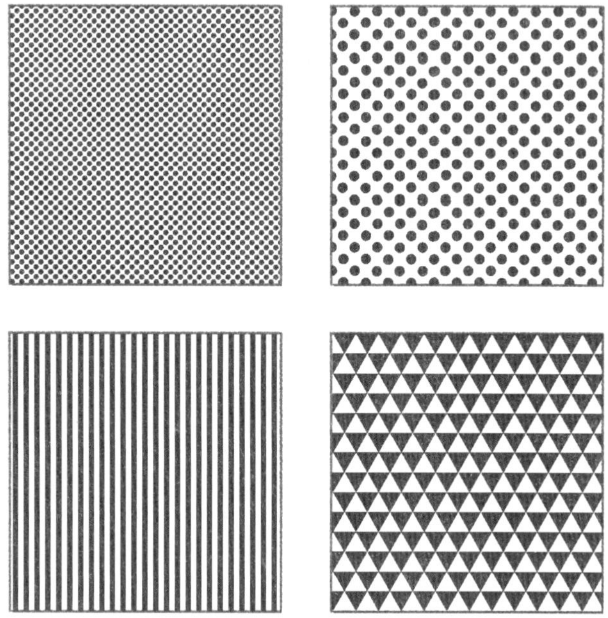

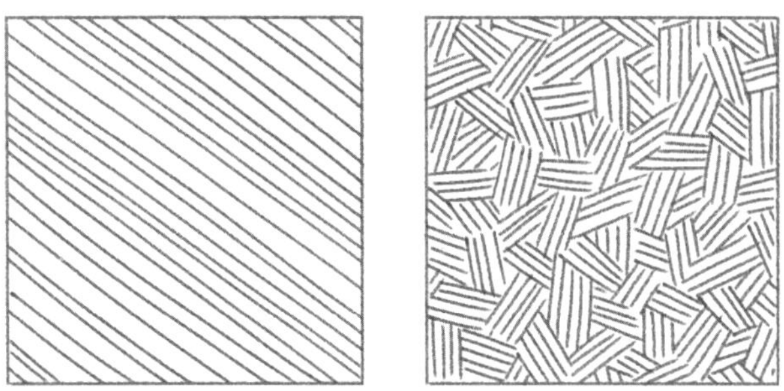

Die Schraffurtechnik verwendet Linienmuster, um Textureffekte oder Nuancen zu erzeugen.

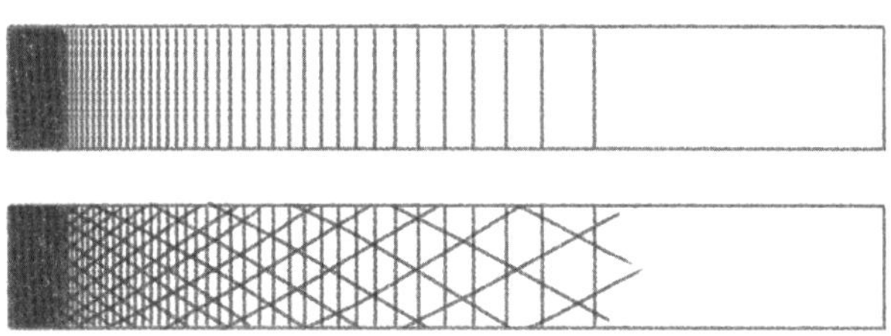

Bei der Kreuzschraffur wird über eine erste Lage mit parallelen Strichen eine zweite gezeichnet, so dass sich die Linien in einem Winkel kreuzen.

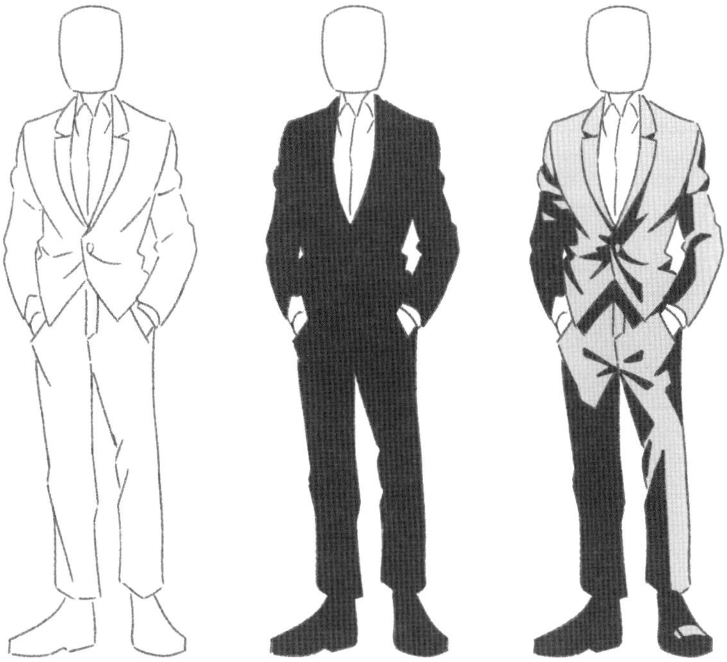

Um dunkle Elemente zu schattieren, stehen zwei Techniken zur Verfügung.

Du kannst alles schwarz kolorieren, dadurch erhöhst du den Kontrast.

Eine andere Möglichkeit besteht darin, die Kleidung grau (oder mit Raster) zu kolorieren und nur einige Bereiche zu schattieren. Das Ergebnis wirkt realistischer, die Technik ist aber etwas schwieriger.

Einige Beispiele für die Schattierung des Gesichts:

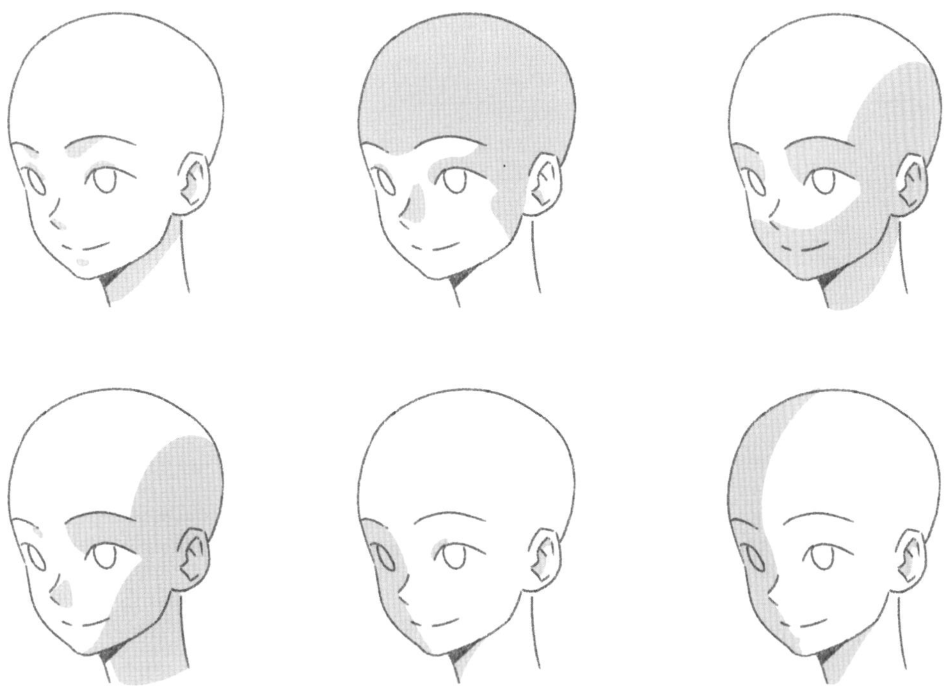

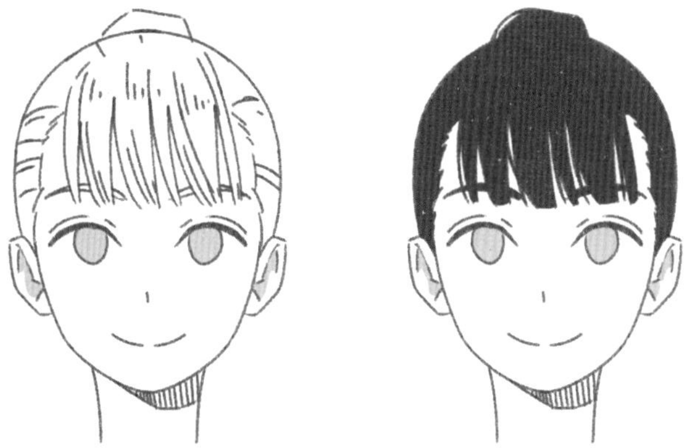

Für die Haare gilt das gleiche wie für die Kleidung: helle Haare werden weiß gelassen, mittlere Haarfarben werden grau oder mit Raster koloriert.

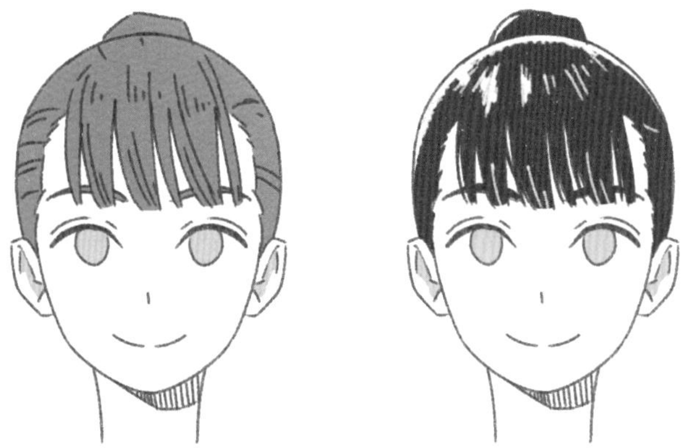

Dunkle Haare werden generell schwarz koloriert, eventuell mit einigen weißen Reflexionen.

Spiele mit den Farben für die Kleidung, um Kontraste zu erzeugen und somit interessante Figuren zu kreieren.

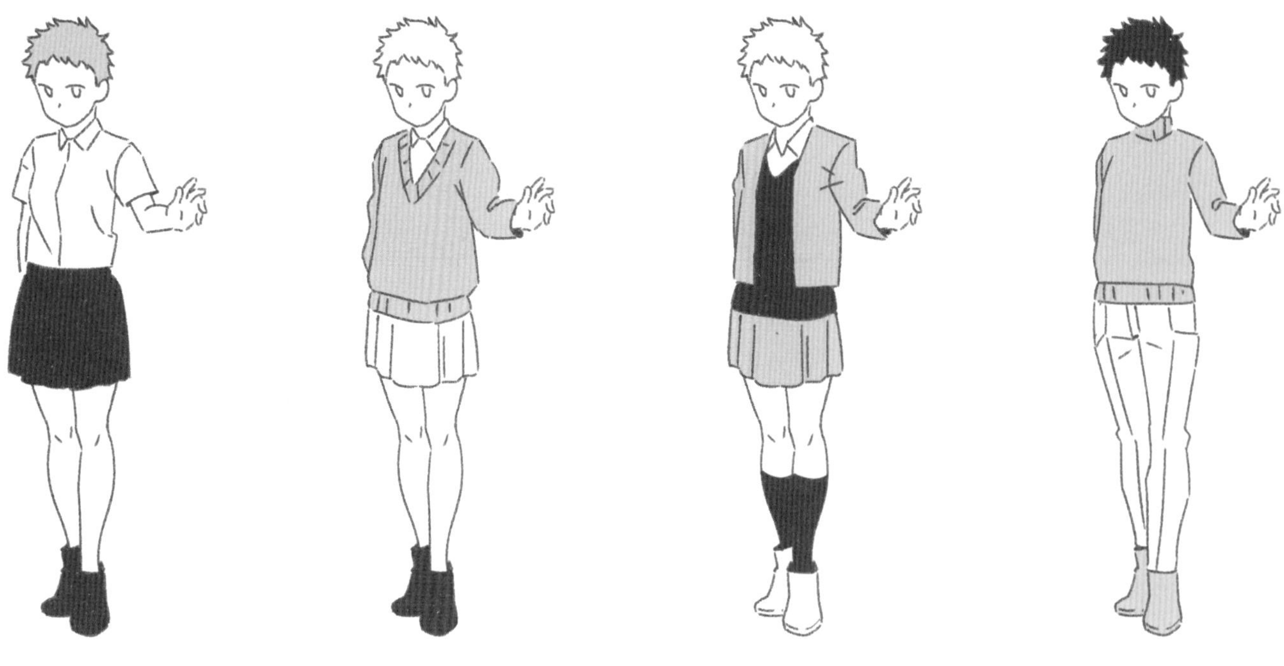

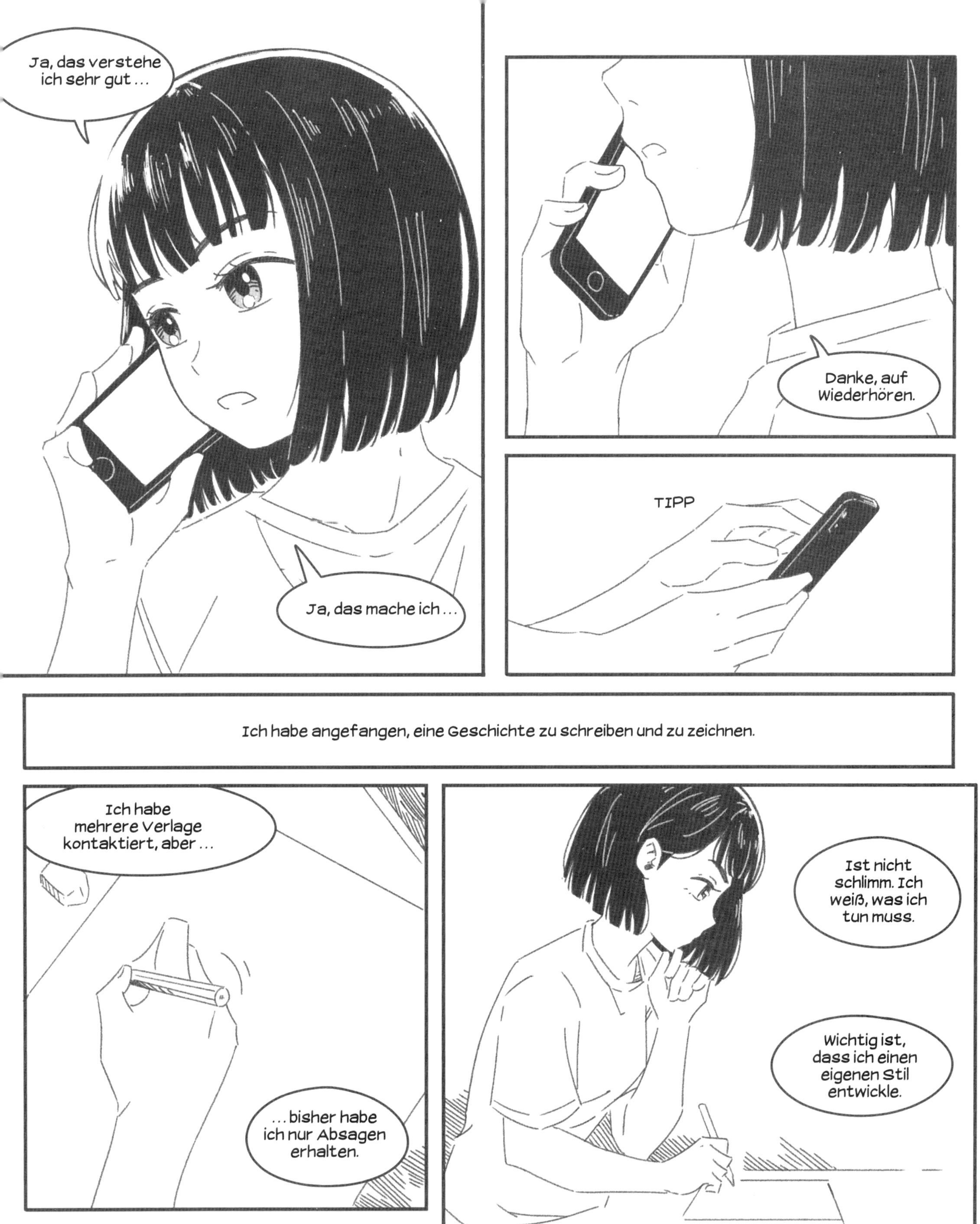
Ja, das verstehe ich sehr gut …
Ja, das mache ich …
Danke, auf Wiederhören.
TIPP
Ich habe angefangen, eine Geschichte zu schreiben und zu zeichnen.
Ich habe mehrere Verlage kontaktiert, aber …
… bisher habe ich nur Absagen erhalten.
Ist nicht schlimm. Ich weiß, was ich tun muss.
Wichtig ist, dass ich einen eigenen Stil entwickle.

Das Design der Figuren ist sehr wichtig. Je nach Form und Proportionen des Körpers erhält man eine erste Vorstellung davon, welche Rolle die Figur in der Geschichte spielen und welches Temperament sie besitzen soll.

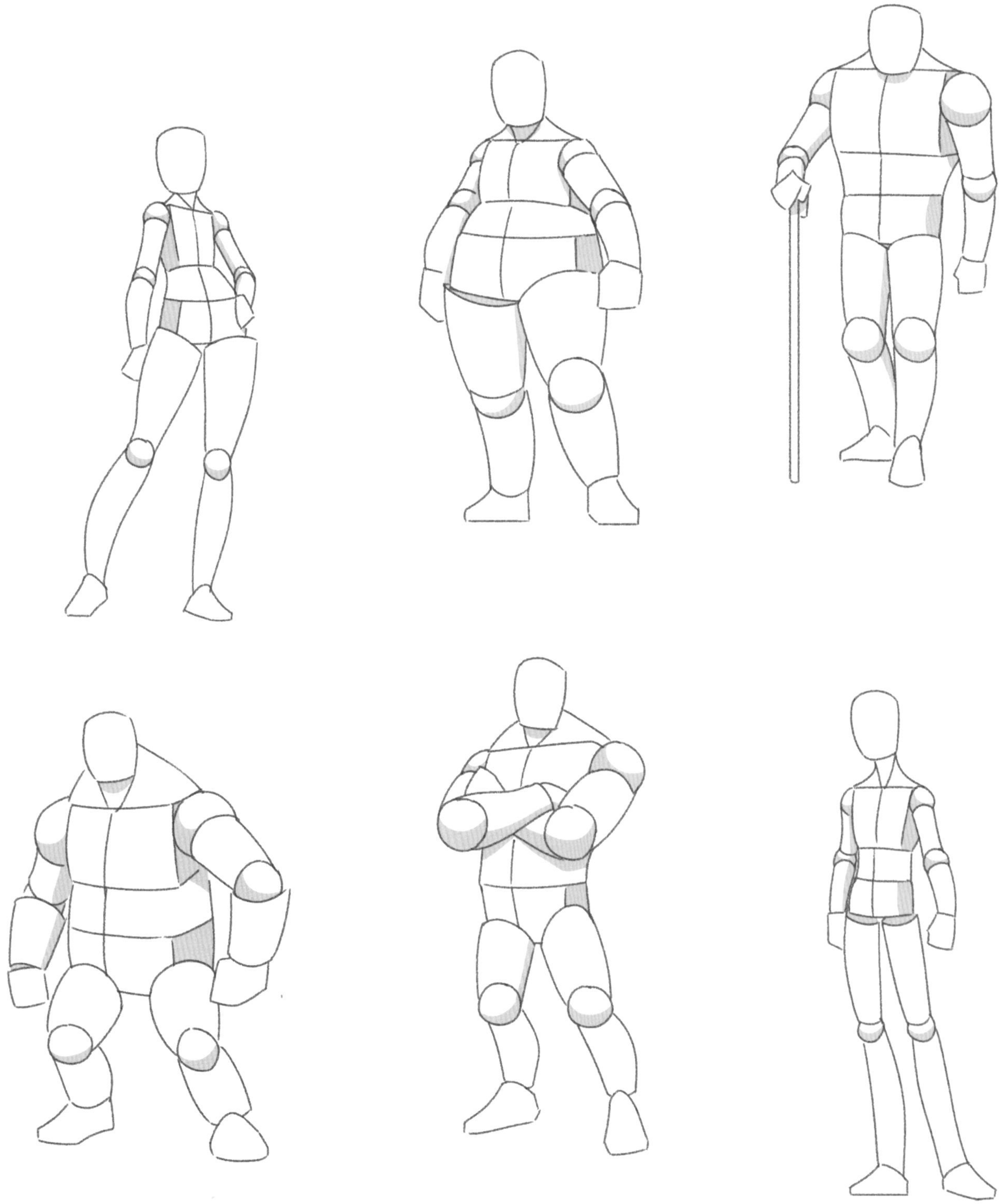

Egal was passiert, vor der eigentlichen Zeichnung
solltest du immer eine Skizze anfertigen. Dieser erste Entwurf hilft dir dabei,
deinen Zeichenstil anzuwenden.

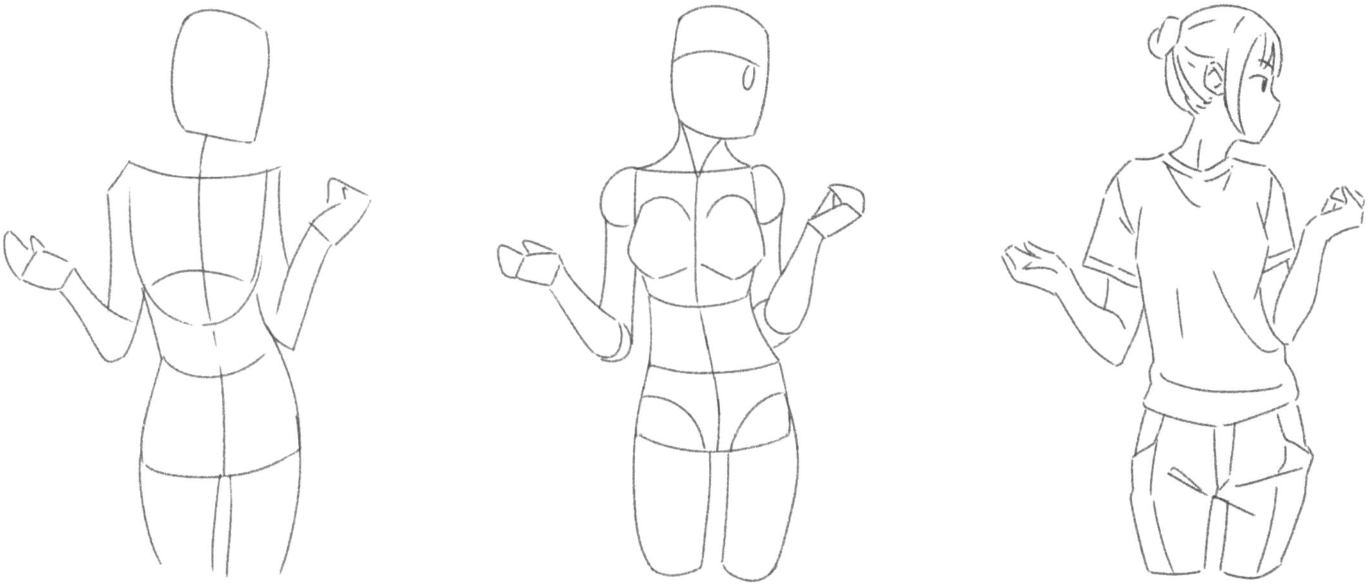

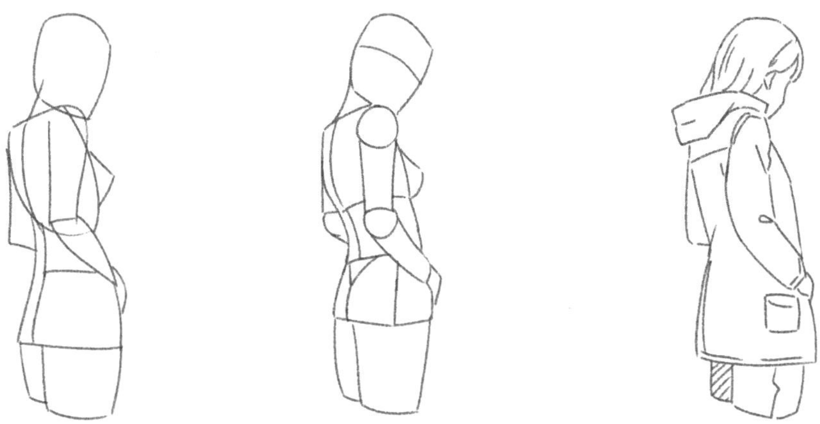

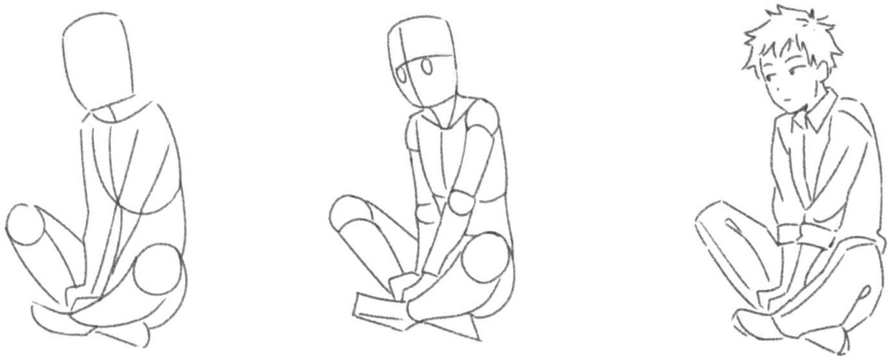

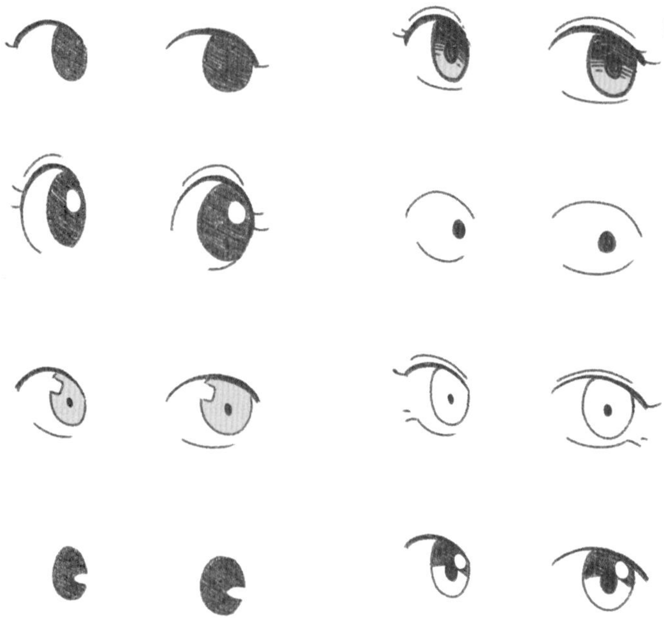

Die Augen sind ein wichtiges Unterscheidungsmerkmal für deine Figuren.

Je nachdem, wie sie gezeichnet sind, verraten die Augen viel über die Persönlichkeit der Figur: sie kann schüchtern, mürrisch, verführerisch, streng oder schlau sein …

Der Stil bestimmt auch die Art und Weise, in der Striche gezeichnet werden. Man muss herausfinden, mit welchem Stil man am besten zurechtkommt.

Die Linien können fein und klar oder fett und dick sein. Möglich sind auch zittrige Linien wie bei einer Skizze oder eine schwarze Kontur um die Figur herum.

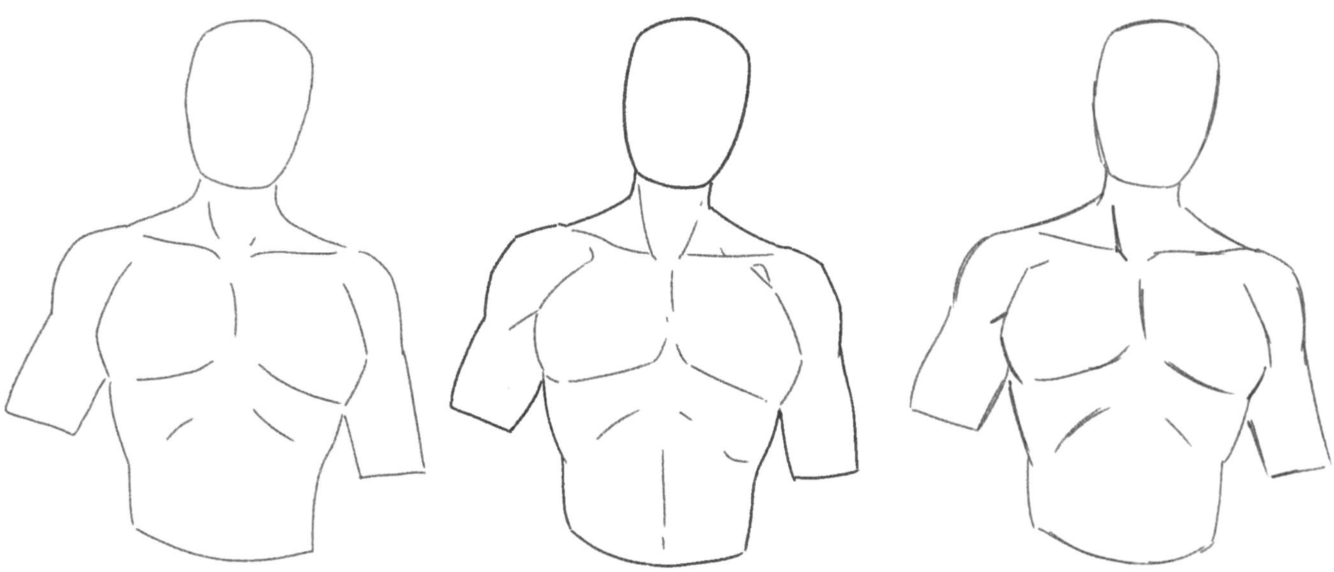

Beispiele für verschiedene Stile:

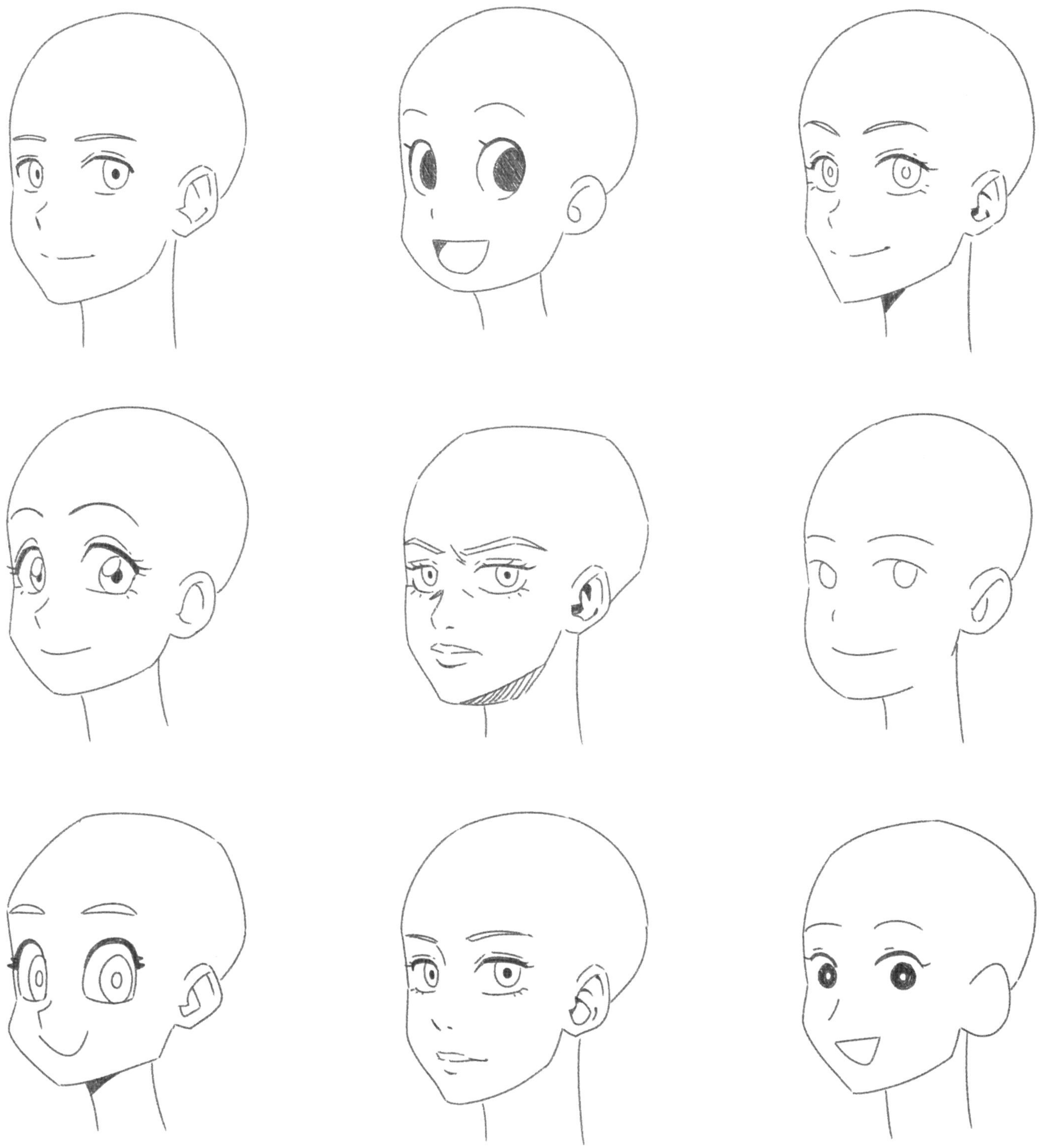

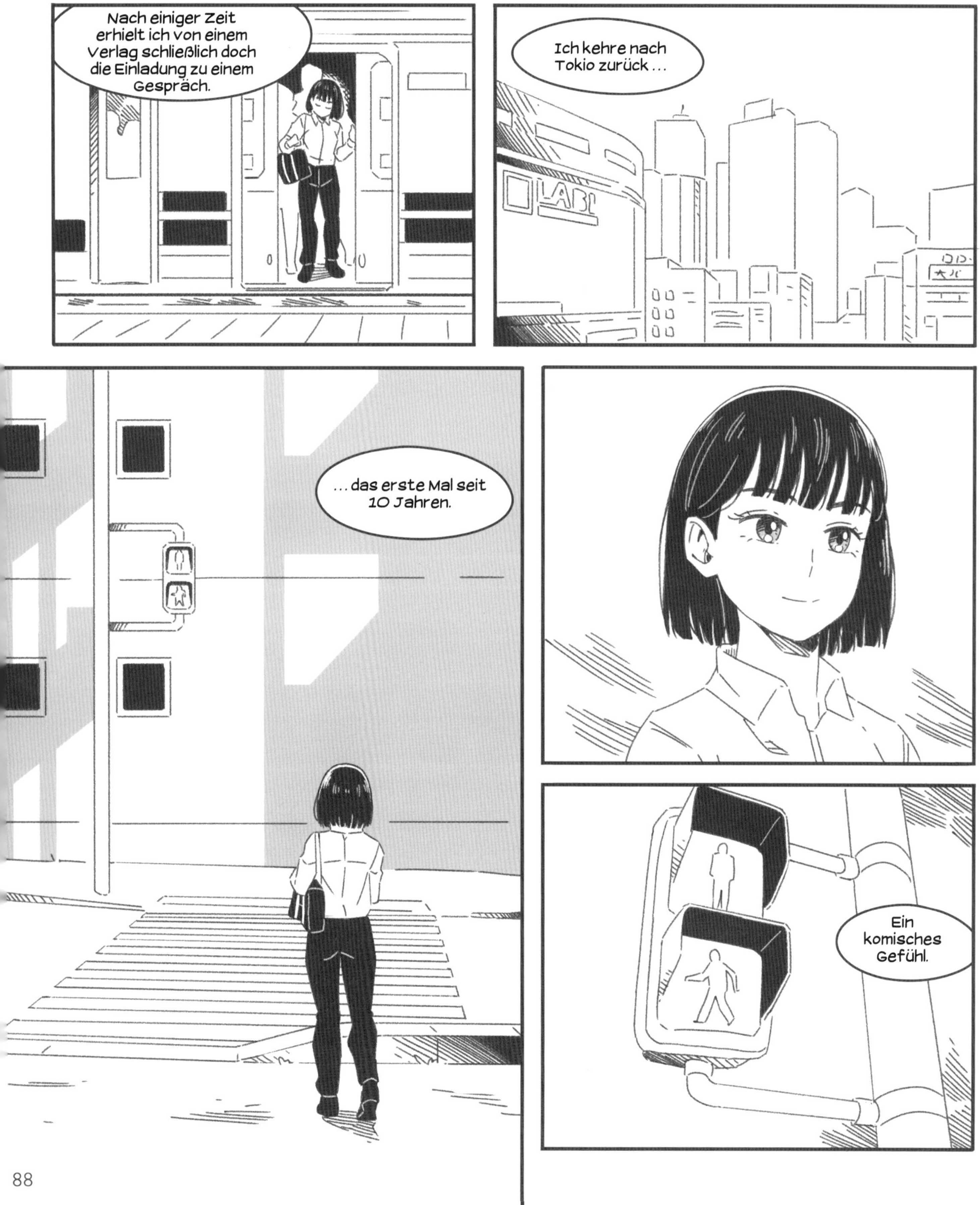
Nach einiger Zeit erhielt ich von einem Verlag schließlich doch die Einladung zu einem Gespräch.
Ich kehre nach Tokio zurück …
LABI
… das erste Mal seit 10 Jahren.
Ein komisches Gefühl.

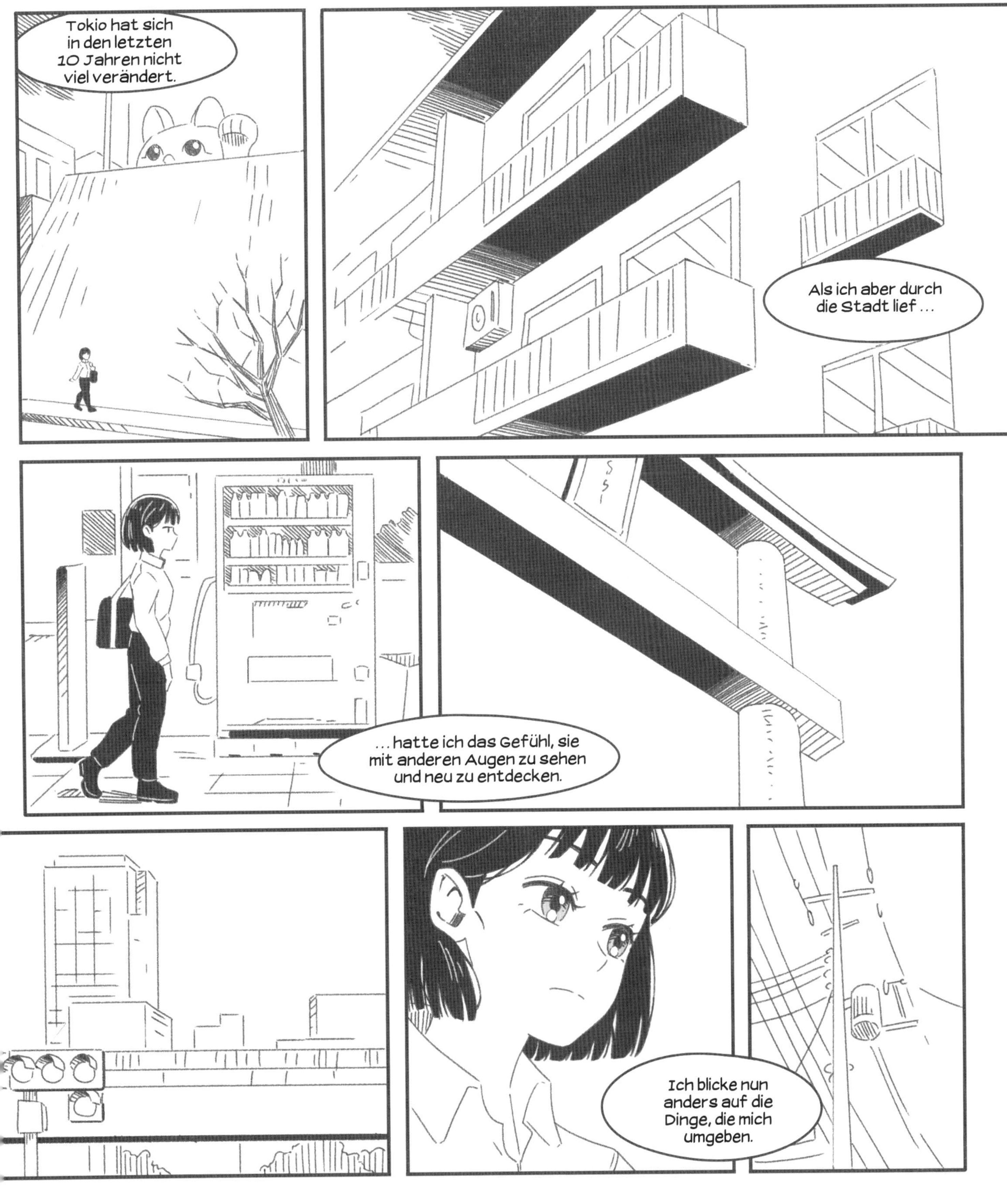
Tokio hat sich in den letzten 10 Jahren nicht viel verändert.
Als ich aber durch die Stadt lief …
… hatte ich das Gefühl, sie mit anderen Augen zu sehen und neu zu entdecken.
Ich blicke nun anders auf die Dinge, die mich umgeben.

Das Entscheidende bei einer Zeichnung im Manga-Stil ist die Komposition. Man kann jedes Panel als eine eigenständige Illustration betrachten.

Ähnlich wie in der Fotografie geht es darum, den bestmöglichen Bildausschnitt zu finden.

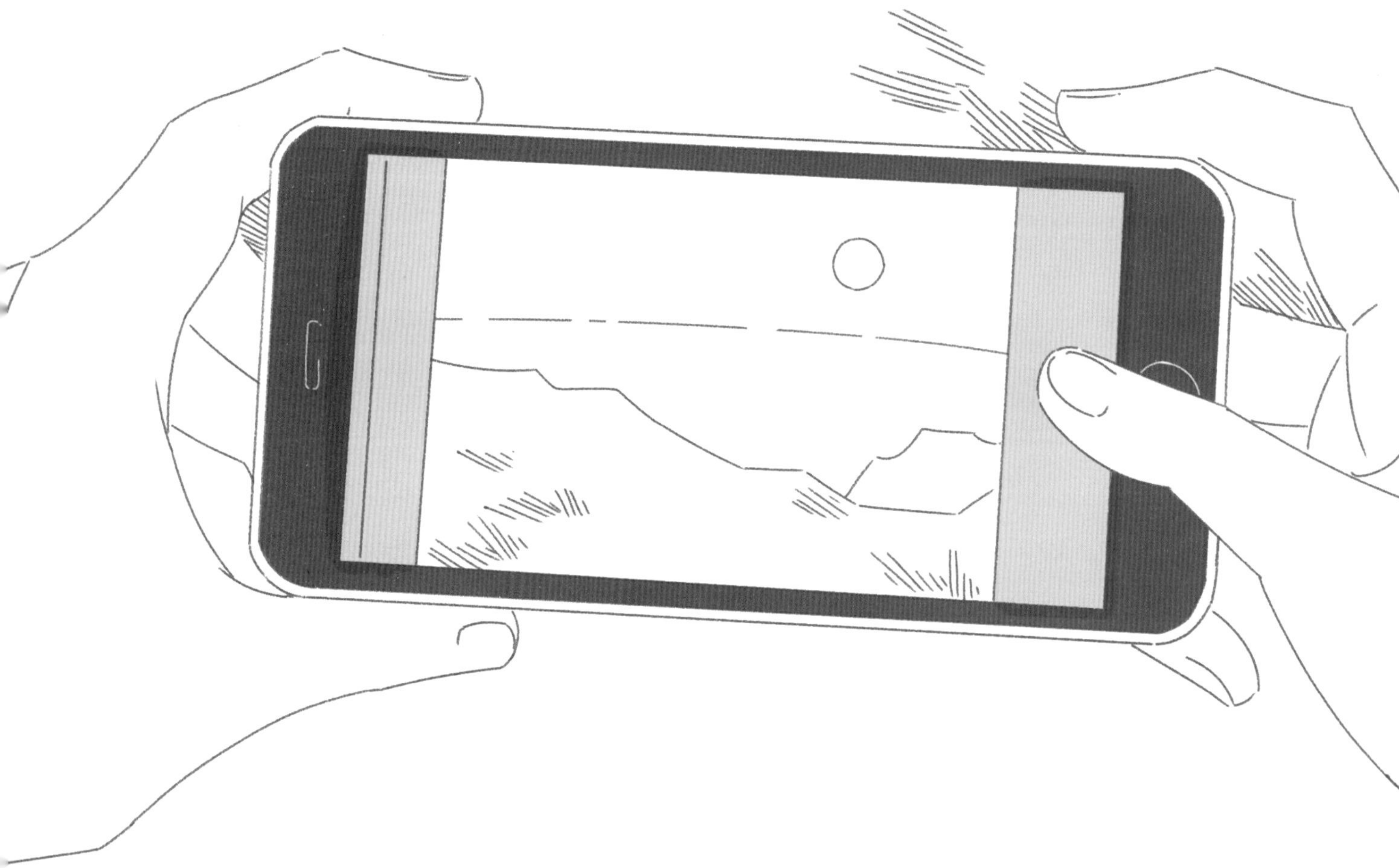

Ob in freier Natur oder in städtischen Gebieten, die Welt ist voller unterschiedlicher Umgebungen und Landschaften.

Und es gibt Methoden, die dabei helfen, sie entsprechend zur Geltung zu bringen.

Bei der Drittel-Regel teilst du das Bild in drei waagerechte und drei senkrechte gleichgroße Flächen auf.

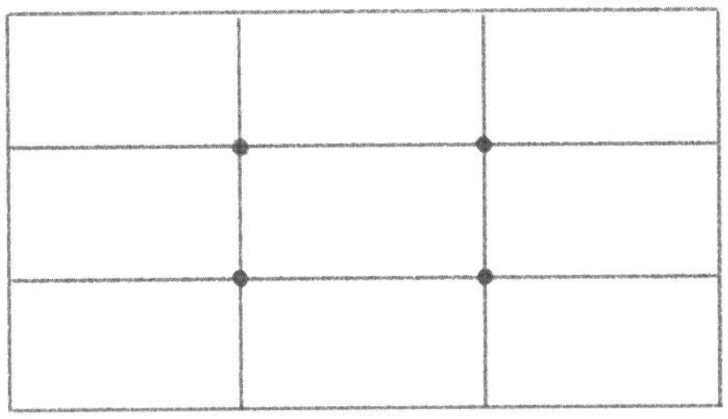

Die Schnittpunkte dieser Linien sind die sogenannten Kraftpunkte. Sie sind ein geeigneter Ort, um das Thema der Zeichnung im Bild zu platzieren.

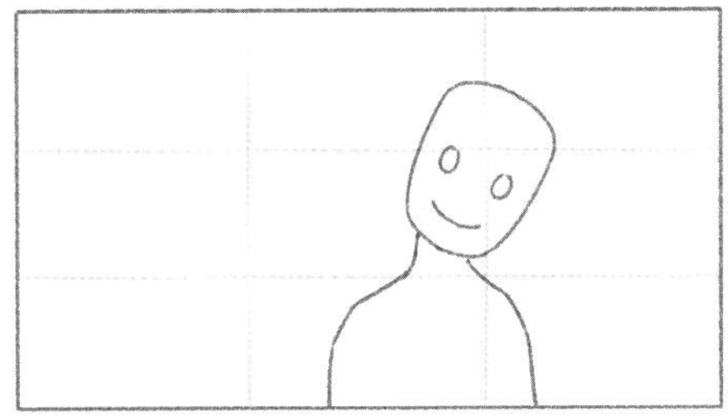

Beispiele für Kompositionen mit angewandter Drittel-Regel:

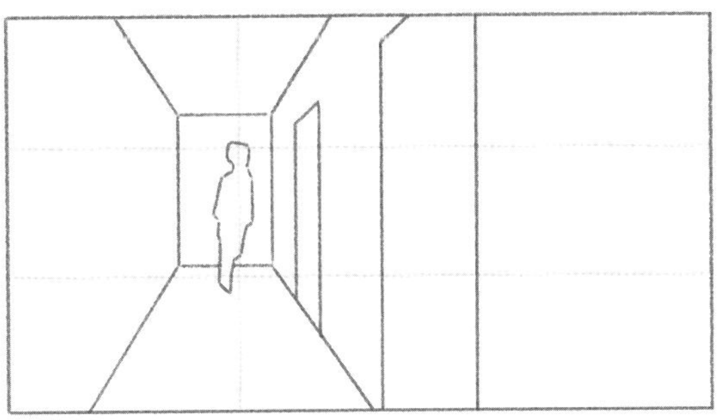

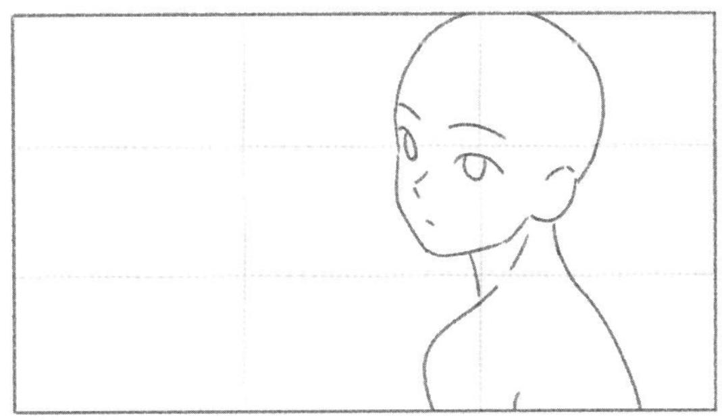

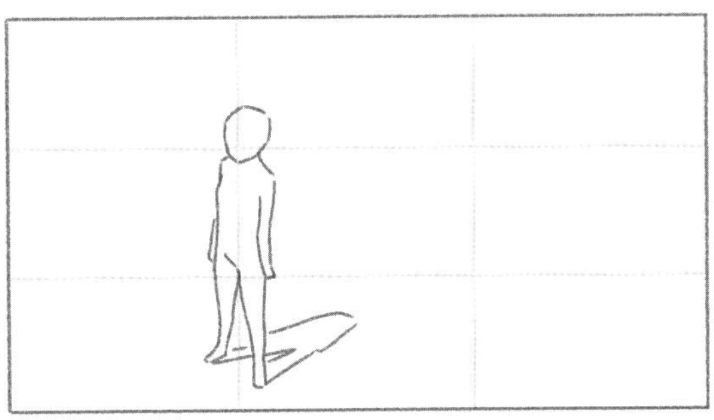

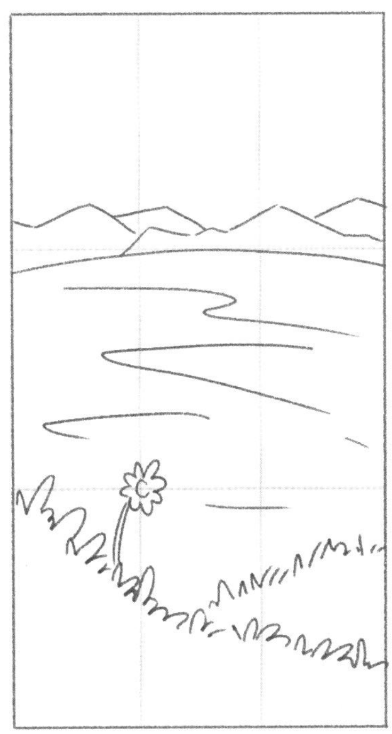

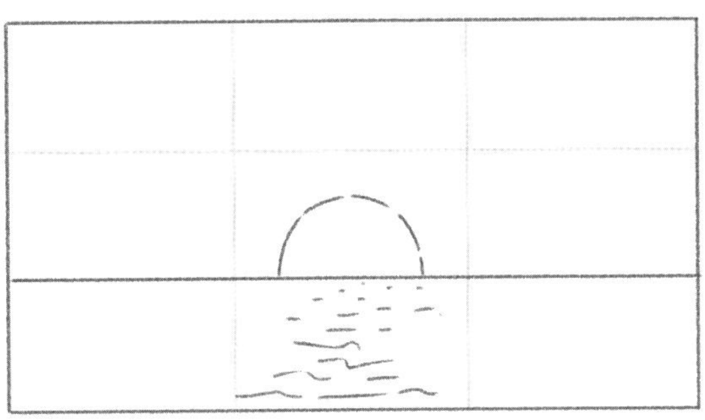

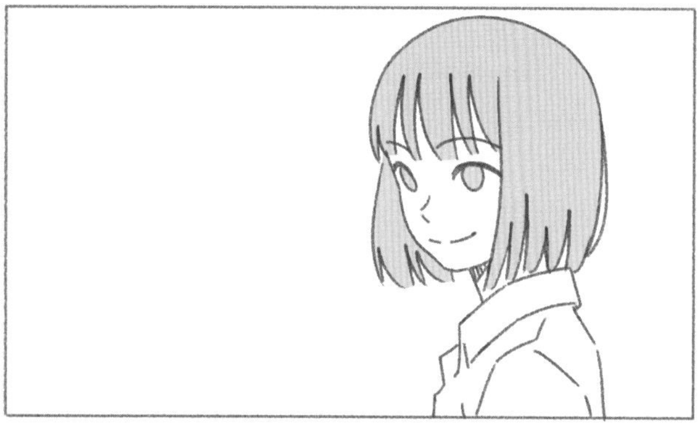

Beim Zeichnen einer Figur in einem Rahmen kannst du in Blickrichtung der Figur einen freien Raum lassen, um die Komposition auf diese Weise aufzulockern.

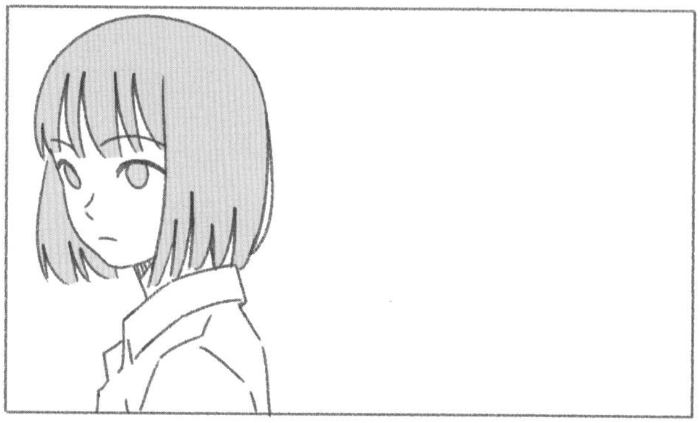

Im umgekehrten Fall wirkt die Figur im Rahmen wie eingeschlossen. Dieser Effekt kann von Nutzen sein, wenn die Figur einen verlorenen oder gehemmten Eindruck machen soll.

Befindet sich die Figur in der Mitte des Rahmens, vermittelt sie das Gefühl von Einsamkeit.

Auch aus diesen Gründen sollte man eine Figur vorzugsweise an den Kraftpunkten platzieren.

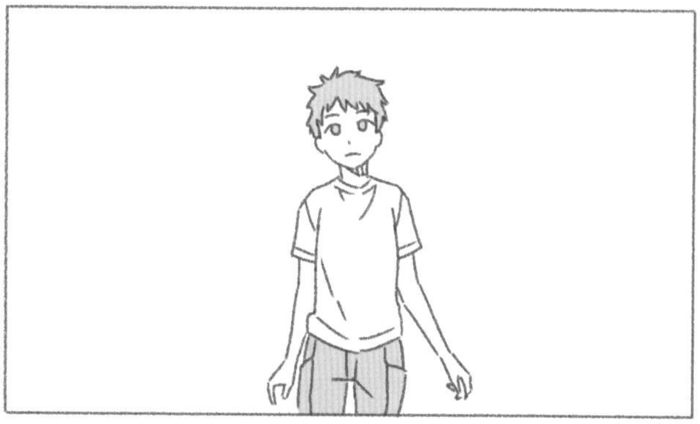

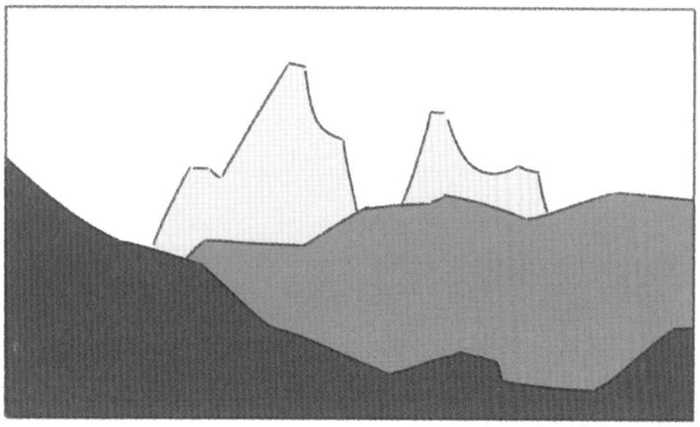

Für eine gute Bildkomposition sollte man bestimmte Elemente in den Vordergrund setzen. Das Bild gewinnt dadurch an Tiefe.

Die Elemente im Vordergrund sind in der Regel dunkler und werden zum Horizont hin immer heller.

Beispiele für Kompositionen:

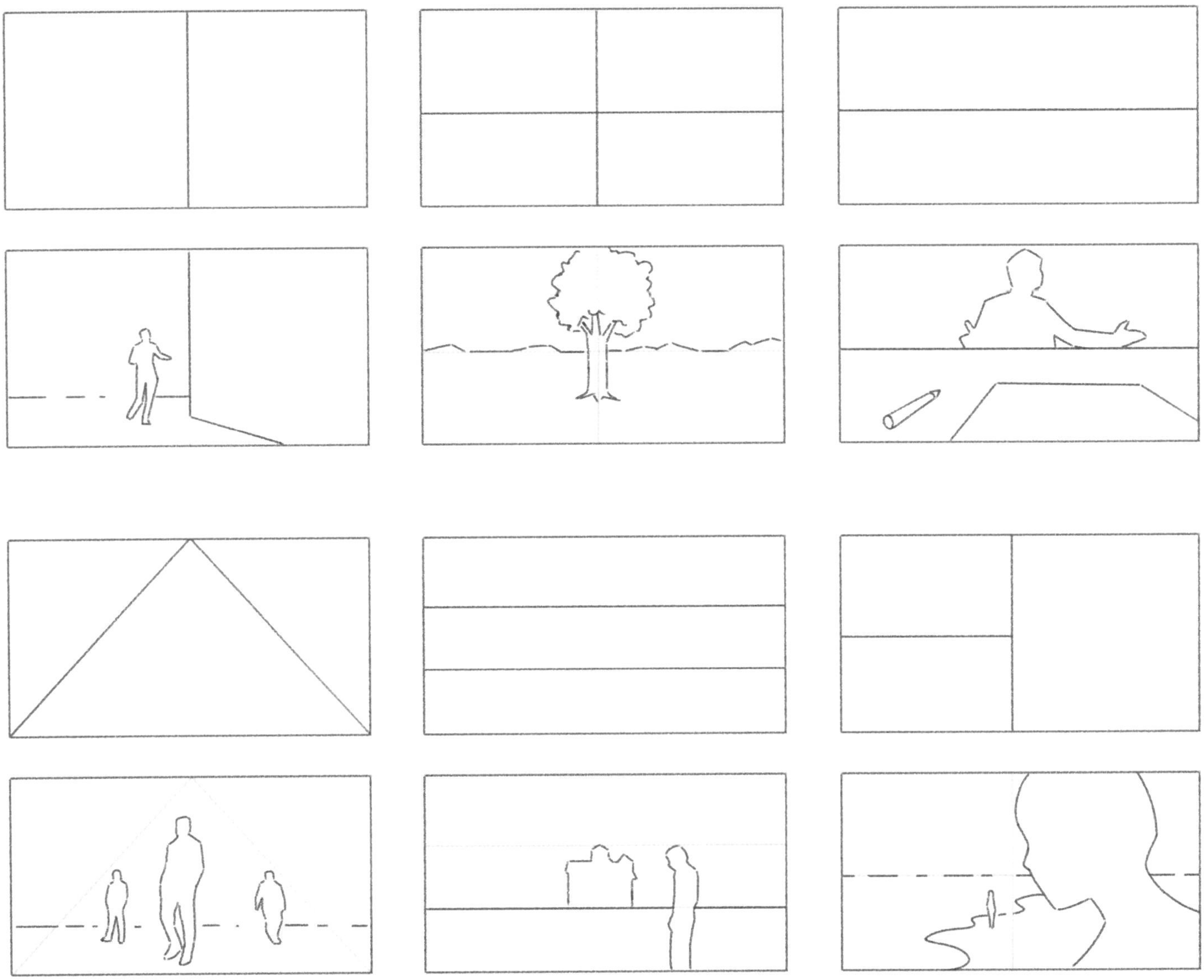

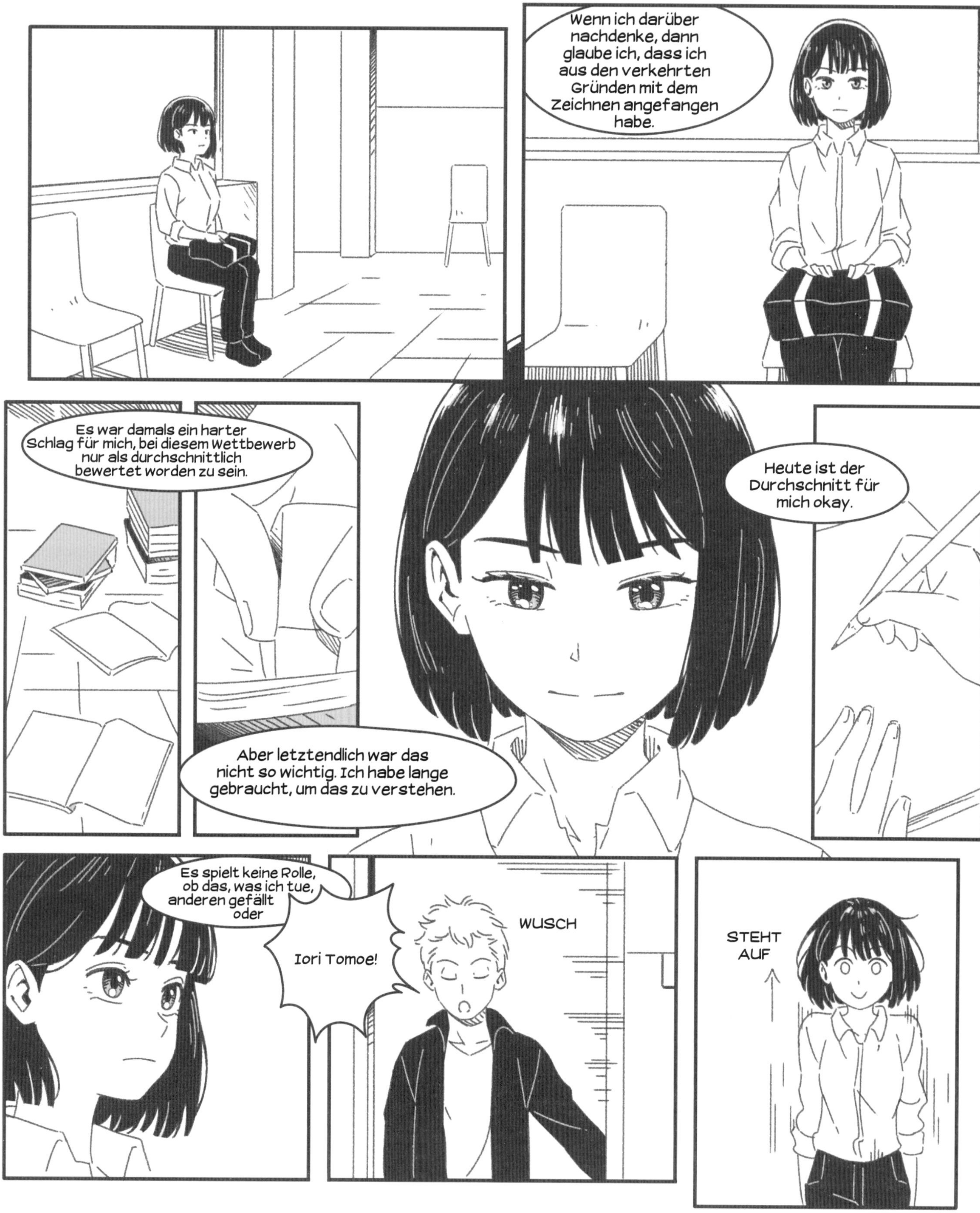
Wenn ich darüber nachdenke, dann glaube ich, dass ich aus den verkehrten Gründen mit dem Zeichnen angefangen habe.
Es war damals ein harter Schlag für mich, bei diesem Wettbewerb nur als durchschnittlich bewertet worden zu sein.
Heute ist der Durchschnitt für mich okay.
Aber letztendlich war das nicht so wichtig. Ich habe lange gebraucht, um das zu verstehen.
Es spielt keine Rolle, ob das, was ich tue, anderen gefällt oder
Iori Tomoe!
WUSCH
STEHT AUF

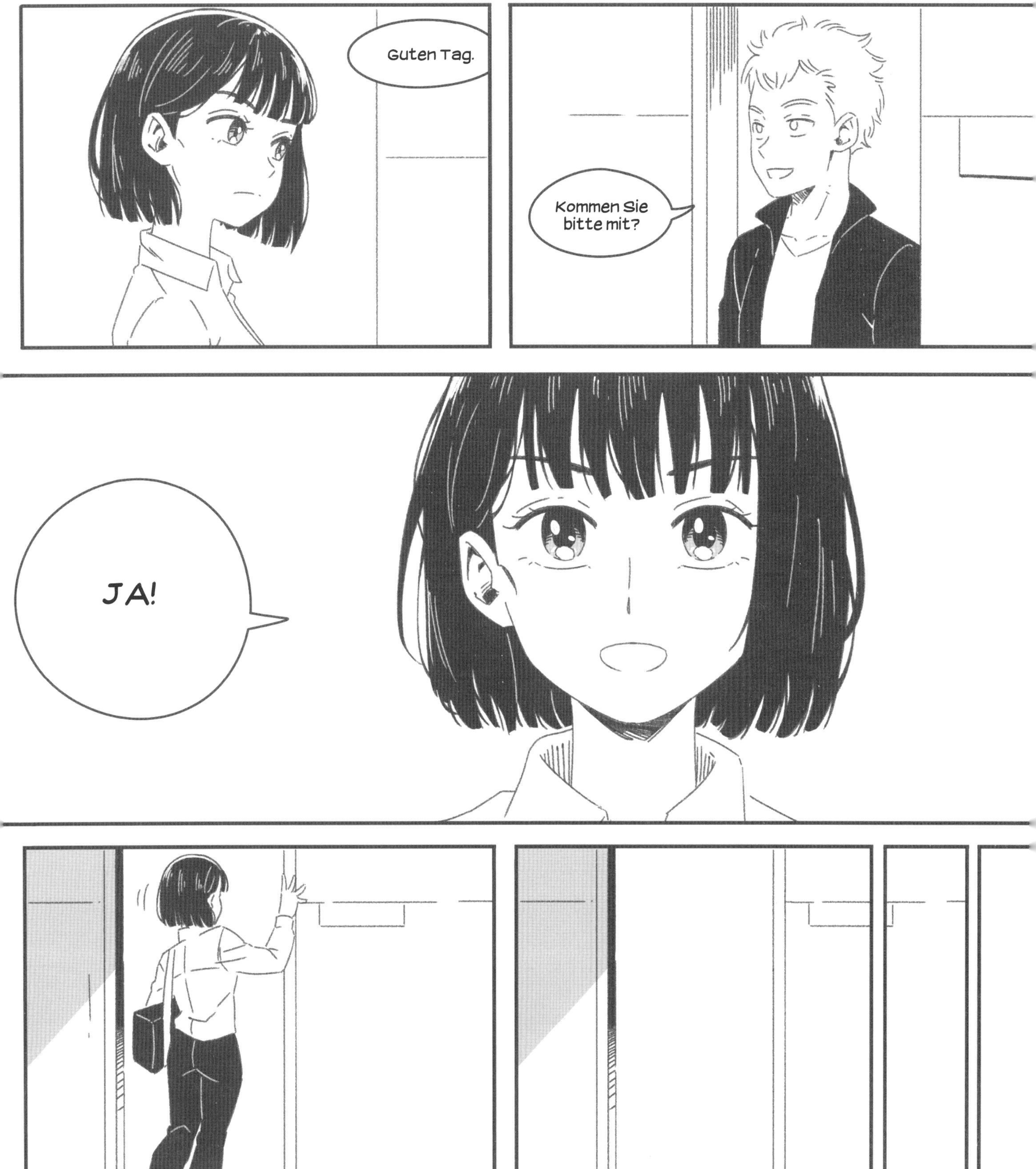

Guten Tag.
Kommen Sie bitte mit?
JA!

IMPRESSUM

HEEL Verlag GmbH
Gut Pottscheidt
53639 Königswinter
Tel.: 02223 9230-0
Fax: 02223 9230-13
info@heel-verlag.de
www.heel-verlag.de

Deutsche Ausgabe:
Übersetzung: Elisabeth Schittenhelm
Satz: Axel Mertens
Lektorat: Helge Wittkopp

Printed in Slovenia

ISBN: 978-3-96664-768-7